ARTS

SCIENCES

LETTRES

BIBLIOTHÈQUE NATIONALE

DESCARTES

DISCOURS

DE

LA MÉTHODE

POUR BIEN CONDUIRE SA RAISON
ET CHERCHER LA VÉRITÉ
DANS LES SCIENCES

PARIS
Librairie de la **BIBLIOTHÈQUE NATIONALE**
L. BERTHIER, Éditeur
Passage Montesquieu (rue Montesquieu)
PRÈS LE PALAIS-ROYAL

Bibliothèque nationale — Volumes à 25 c.
CATALOGUE AU 1er JANVIER 1880

Alfieri. De la Tyrannie.... 1
Arioste. Roland furieux... 6
Beaumarchais. Mémoires.. 5
— Barbier de Séville.. .. 1
— Mariage de Figaro.... 1
Beccaria. Délits et Peines. 1
Bernardin de Saint-Pierre.
   Paul et Virginie........ 1
Boileau. Satires. Lutrin... 1
— Art poétique. Epîtres.. 1
Bossuet. Oraisons funèbres. 2
— Discours sur l'His-
   toire universelle........ 3
Boufflers. OEuvres choisies. 1
Brillat-Savarin. Physiolo-
   gie du Goût............ 2
Byron. Corsaire. Lara, etc. 1
Cazotte. Diable amoureux. 1
Cervantès. Don Quichotte. 4
César. Guerre des Gaules. 1
Chamfort. OEuvres choisies 3
Chapelle et Bachaumont.
   Voyages amusants....... 1
Cicéron. De la République. 1
— Catilinaires. Discours.. 1
— Discours contre Verrès. 2
— Harangues au Peuple
   et au Sénat............ 1
Collin-d'Harleville. Le vieux
   Célibataire.—M. de Crac. 1
Condorcet. Vie de Voltaire. 1
— Progrès de l'Esprit
   humain................ 2
Corneille. Le Cid. Horace. 1
— Cinna. — Polyeucte.... 1
— Rodogune. Le Menteur. 1
Cornélius Népos. Vies des
   grands Capitaines, etc. 2
Courier (P.-L.). Chefs-d'œu-
   vre.................... 2
— Lettres d'Italie........ 1
Cyrano de Bergerac. OEuvres 2
D'Alembert. Encyclopédie. 1
— Destruction des Jésuites 1
Dante. Enfer............ 2
Démosthène. Philippiques
   et Olynthiennes........ 1

Descartes. De la Méthode. 1
Desmoulins (Camille). OEuvres 3
Destouches. Le Philosophe
   marié.—La fausse Agnès 1
Diderot. Neveu de Rameau 1
— Romans et Contes..... 3
— Paradoxe sur le Co-
   médien................ 1
— Mélanges philosophi-
   ques.................. 1
Duclos. Sur les Mœurs.... 1
Dumarsais. Essai sur les
   Préjugés............... 2
Dupuis. Origine des Cultes 3
Epictète. Maximes........ 1
Erasme. Eloge de la Folie. 1
Fénelon. Télémaque....... 2
— Education des filles... 1
— Discours à l'Académie.
   — Dialogues sur l'élo-
   quence................ 1
Florian. Fables.......... 1
— Galatée. — Estelle.... 1
— Gonzalve de Cordoue... 2
Foë. Robinson Crusoé.... 4
Fontenelle. Dialogues des
   Morts................. 1
— Pluralité des Mondes. 1
— Histoire des Oracles. 1
Gilbert. Poésies......... 1
Goethe. Werther......... 1
— Hermann et Dorothée.. 1
— Faust................ 1
Goldsmith. Le vicaire de
   Wakefield............. 2
Gresset. Ver-Vert. Méchant 1
Hamilton. Mémoires du
   Chevalier de Grammont 1
Helvétius. Traité de l'Esprit 4
Homère. L'Iliade........ 1
— L'Odyssée............ 3
Horace. Poésies......... 1
Jendy-Dugour. Cromwell.. 1
Juvénal. Satires......... 1
La Boëtie. Discours sur la
   Servitude volontaire... 1
La Bruyère. Caractères.. 2

BIBLIOTHÈQUE NATIONALE

COLLECTION DES MEILLEURS AUTEURS ANCIENS ET MODERNES

—

DISCOURS
DE LA MÉTHODE

POUR BIEN CONDUIRE SA RAISON

ET CHERCHER LA VÉRITÉ DANS LES SCIENCES

PAR

RENÉ DESCARTES

—◦◦❀◦◦—

PARIS
LIBRAIRIE DE LA BIBLIOTHÈQUE NATIONALE
PASSAGE MONTESQUIEU (RUE MONTESQUIEU)
Près le Palais-Royal

—

1894

AVERTISSEMENT

René Descartes du Perron, fils d'un conseiller au Parlement de Rennes, naquit à La Haye, petite ville de Touraine (aujourd'hui département d'Indre-et-Loire), le 31 mars 1596. Il fit ses études au collége des Jésuites de La Flèche, et s'y distingua par de précoces dispositions pour la philosophie et les mathématiques. En 1617, après une jeunesse assez agitée, il céda aux sollicitations paternelles, prit le parti des armes, servit pendant quatre ans dans l'armée de Maurice de Nassau et dans celle du duc de Bavière, un des chefs du parti catholique dans la guerre de Trente ans. Il parcourut ensuite l'Allemagne, la Suède, le Danemark, la Hollande, la Suisse, l'Italie, revint à Rome et de là à Paris (1626). Il assista ensuite, en 1628, au siége de La Rochelle. Il avait, à travers les hasards d'une existence mouvementée et aventureuse, conservé la vive attraction de son enfance pour les études philosophiques, et, dans ses rares loisirs, il avait jeté les fondements de son immortel *Discours de la Méthode*, publié pour la première fois à Leyde en 1637. Toutefois, il avait promptement renoncé à la carrière des armes et s'était retiré en 1629 dans une profonde retraite, d'abord à Egmont, puis dans d'autres villes de la Hollande, où il passa vingt-cinq ans, occupé de la pénible et glorieuse recherche des raisons des principaux phénomènes de la nature et l'étude des connaissances humaines. Il publia ensuite son livre des *Méditations* (1641), qui ne tarda pas à faire de lui l'oracle de la philosophie. Il avait travaillé à un traité de la lumière, d'après le système de Copernic, sur le mouvement de la terre ; mais il l'abandonna lorsqu'il apprit la condamnation de Galilée, non pas par conviction d'une erreur, mais par un motif de prudence. Son orthodoxie n'était pourtant rien moins que positive, car, à l'époque de la translation de ses restes à Paris, dans l'église Sainte-Geneviève-du-Mont (1666), le P. Lallemand dut renoncer, par ordre supérieur, à prononcer son oraison funèbre. Le *Discours de la Méthode*, publié avec la *Géométrie*, la *Dioptrique* et les *Météores*, avait attiré à son auteur les persécutions des théologiens catholiques et protestants, et ce ne furent pas ces derniers qui furent le moins acharnés et les moins intolérants; le livre dénoncé par le jésuite Bourdin, l'ergoteur Schoockius, les ministres Voétius, Revius et Triglandius, qui allèrent jusqu'à l'accusation d'athéisme, faillit être brûlé par la main du bourreau ; mais Descartes, las de ces luttes qui prenaient sans profit le meilleur de son temps, et qui avait résisté aux avances de Louis XIII et du cardinal de Richelieu, préféra se rendre aux instances de la reine Christine de Suède, et alla, en 1649 se fixer à Stockholm, où il fut reçu avec de grandes marques d'honneur ; la reine voulut prendre de lui des leçons de philosophie ; il se rendait tous les jours, à cinq heures du matin, à la cour, et dissertait sur la philosophie en présence d'un auditoire d'élite. Ces leçons, données dans de pareilles conditions, furent fatales au philosophe : il prit un jour un refroidissement suivi d'une fièvre chaude qui accélérèrent sa mort. Il succomba le 11 février 1650, dans sa cinquante-quatrième année.

En rééditant l'ouvrage, devenu classique, qui fait époque dans le développement de la raison humaine. nous avons à regretter que l'espace nous manque pour apprécier comme il le mérite le père de la philosophie française ; disons seulement qu'il contraignit ses contemporains à secouer le joug de la métaphysique péripatéticienne ; qu'il lui fallut, à la fois, du courage et du génie pour enseigner aux hommes les moyens pratiques de parvenir à la découverte de la vérité. On apprend de l'auteur des *Passions de l'âme*, à douter. c'est-à-dire à se détacher des sens, à se défier des idées préconçues, à suspendre son jugement, à n'admettre que ce qui porte le caractère de l'évidence par une chaîne ininterrompue de conséquences basées sur l'art du raisonnement, le talent d'analyser les idées, d'en créer de nouvelles. La postérité a fait table rase de quelques-uns des systèmes de Descartes, par exemple l'hypothèse des tourbillons et ses idées sur l'âme des bêtes, mais elle a gardé sa reconnaissance et son admiration à l'homme qui lui a appris à exprimer sa pensée dans un langage clair et énergique; au philosophe qui. comme le dit ingénieusement le P. Guénard, dans son *Eloge de Descartes*, enfermé dans le labyrinthe avec tous les autres philosophes, se fit lui-même des ailes et s'envola, frayant ainsi une route nouvelle à la raison captive. C'est à cette salutaire audace que nous devons, et les trois grands hommes qui ont profité des travaux du précurseur : Bacon, Leibnitz et Newton, et les penseurs qui ont. au dernier siècle, jeté les fondements de la société moderne.   N. D.

DISCOURS

DE LA MÉTHODE

POUR BIEN CONDUIRE SA RAISON

ET CHERCHER LA VÉRITÉ DANS LES SCIENCES

Si ce discours semble trop long pour être lu en une fois, on le pourra distinguer en six parties : et en la première on trouvera diverses considérations touchant les sciences; en la seconde, les principales règles de la méthode que l'auteur a cherchée; en la troisième, quelques-unes de celles de la morale qu'il a tirée de cette méthode; en la quatrième, les raisons par lesquelles il prouve l'existence de Dieu et de l'âme humaine, qui sont les fondements de sa métaphysique; en la cinquième, l'ordre des questions de physique qu'il a cherchées, et particulièrement l'explication du mouvement du cœur et de quelques autres difficultés qui appartiennent à la médecine, puis aussi la différence qui est entre notre âme et celle des bêtes; et en la dernière, quelles choses il croit être requises pour aller plus avant en la recherche de la nature qu'il n'a été, et quelles raisons l'ont fait écrire.

PREMIÈRE PARTIE

—

Le bon sens est la chose du monde la mieux partagée, car chacun pense en être si bien pourvu, que ceux mêmes qui sont les plus difficiles à contenter en toute autre chose n'ont point coutume d'en désirer plus qu'ils en ont. En quoi il n'est pas vraisemblable que tous se trompent ; mais plutôt cela témoigne que la puissance de bien juger et distinguer le vrai d'avec le faux, qui est proprement ce qu'on nomme le bon sens ou la raison, est naturellement égale en tous les hommes ; et ainsi que la diversité de nos opinions ne vient pas de ce que les uns sont plus raisonnables que les autres, mais seulement de ce que nous conduisons nos pensées par diverses voies, et ne considérons pas les mêmes choses. Car ce n'est pas assez d'avoir l'esprit bon, mais le principal est de l'appliquer bien. Les plus grandes âmes sont capables des plus grands vices aussi bien que des plus grandes vertus; et ceux qui ne marchent que fort lentement peuvent avancer beaucoup davantage, s'ils suivent toujours le droit chemin, que ne font ceux qui courent et qui s'en éloignent.

Pour moi, je n'ai jamais présumé que mon esprit fût en rien plus parfait que ceux du commun : même j'ai souvent souhaité d'avoir la pensée aussi prompte, ou l'imagination aussi nette et distincte, ou la mémoire aussi ample ou aussi présente que quelques autres. Et je ne sache point de qualités que celles-ci qui servent à la perfection de l'esprit : car pour la raison, ou le sens, d'autant qu'elle est la seule chose qui nous rend hommes et nous distingue des bêtes, je veux croire qu'elle est tout entière en un chacun, et suivre en ceci l'opinion commune des philosophes qui disent qu'il n'y a du plus ou du moins qu'entre les *accidents*, et non point entre les *formes* ou natures des *individus* d'une même *espèce*.

Mais je ne craindrai pas de dire que je pense avoir eu beaucoup d'heur de m'être

rencontré dès ma jeunesse en certains chemins qui m'ont conduit à des considérations et des maximes dont j'ai formé une
méthode par laquelle il me semble que j'ai
moyen d'augmenter par degrés ma connaissance, et de l'élever peu à peu au plus haut
point auquel la médiocrité de mon esprit et
la courte durée de ma vie lui pourront per-
mettre d'atteindre. Car j'en ai déjà recueilli de tels fruits, qu'encore qu'au juge-
gement que je fais de moi-même je tâche
toujours de pencher vers le côté de la dé-
fiance plutôt que vers celui de la présomption, et que, regardant d'un œil de philosophe les diverses actions et entreprises de
tous les hommes, il n'y en ait quasi aucune
qui ne me semble vaine et inutile, je ne
laisse pas de recevoir une extrême satisfaction du progrès que je pense avoir déjà
fait en la recherche de la vérité, et de concevoir de telles espérances pour l'avenir,
que si, entre les occupations des hommes,
purement hommes, il y en a quelqu'une
qui soit solidement bonne et importante,
j'ose croire que c'est celle que j'ai choisie.

Toutefois il se peut faire que je me trompe, et ce n'est peut-être qu'un peu de cuivre et de verre que je prends pour de l'or et des diamants. Je sais combien nous sommes sujets à nous méprendre en ce qui nous touche, et combien aussi les jugements de nos amis nous doivent être suspects lorsqu'ils sont en notre faveur. Mais je serai bien aise de faire voir en ce discours quels sont les chemins que j'ai suivis, et d'y représenter ma vie comme en un tableau, afin que chacun en puisse juger, et qu'apprenant du bruit commun les opinions qu'on en aura, ce soit un nouveau moyen de m'instruire que j'ajouterai à ceux dont j'ai coutume de me servir.

Ainsi mon dessein n'est pas d'enseigner ici la méthode que chacun doit suivre pour bien conduire sa raison, mais seulement de faire voir en quelle sorte j'ai tâché de conduire la mienne. Ceux qui se mêlent de donner des préceptes se doivent estimer plus habiles que ceux auxquels ils les donnent ; et s'ils manquent à la moindre chose, ils en sont blâmables. Mais ne proposant cet écrit que comme une histoire, ou, si vous l'aimez mieux, que comme une fable, en laquelle, parmi quelques exemples qu'on peut imiter, on en trouvera peut-être aussi plusieurs autres qu'on aura raison de ne pas suivre, j'espère qu'il sera utile à quelques-uns sans être nuisible à personne, et que tous me sauront gré de ma franchise.

J'ai été nourri aux lettres dès mon enfance ; et, pour ce qu'on me persuadait que par leur moyen on pouvait acquérir une connaissance claire et assurée de tout ce qui est utile à la vie, j'avais un extrême désir de les apprendre. Mais sitôt que j'eus achevé tout ce cours d'études au bout duquel on a coutume d'être reçu au rang des doctes, je changeai entièrement d'opinion : car je me trouvais embarrassé de tant de doutes et d'erreurs qu'il me semblait n'avoir fait autre profit, en tâchant de m'instruire, sinon que j'avais découvert de plus en plus mon ignorance. Et néanmoins j'étais en l'une des plus célèbres écoles de l'Europe, où je pensais qu'il devait y avoir de savants hommes, s'il y en avait en aucun

endroit de la terre. J'y avais appris tout ce
que les autres y apprenaient; et même, ne
m'étant pas contenté des sciences qu'on
nous enseignait, j'avais parcouru tous les
livres traitant de celles qu'on estime les
plus curieuses et les plus rares qui avaient
pu tomber entre mes mains. Avec cela, je
savais les jugements que les autres faisaient
de moi ; et je ne voyais point qu'on m'esti-
mât inférieur à mes condisciples, bien qu'il
y en eût déjà entre eux quelques-uns qu'on
destinait à remplir les places de nos maîtres. Et enfin notre siècle me semblait aussi
fleurissant et aussi fertile en bons esprits
qu'ait été aucun des précédents. Ce qui me
faisait prendre la liberté de juger par moi
de tous les autres, et de penser qu'il n'y
avait aucune doctrine dans le monde qui
fût telle qu'on m'avait auparavant fait espérer.

Je ne laissais pas toutefois d'estimer les
exercices auxquels on s'occupe dans les
écoles. Je savais que les langues que l'on y
apprend sont nécessaires pour l'intelligence
des livres anciens; que la gentillesse des

fables réveille l'esprit ; que les actions mé-
morables des histoires le relèvent ; et qu'é-
tant lues avec discrétion elles aident à former le jugement ; que la lecture de tous les
bons livres est comme une conversation
avec les plus honnêtes gens des siècles passés, qui en ont été les auteurs, et même une
conversation étudiée en laquelle ils ne nous
découvrent que les meilleures de leurs pensées ; que l'éloquence a des forces et des
beautés incomparables ; que la poésie a des
délicatesses et des douceurs très-ravissan-
tes ; que les mathématiques ont des inventions très-subtiles, et qui peuvent beaucoup
servir tant à contenter les curieux qu'à fa-
ciliter tous les arts et diminuer le travail
des hommes ; que les écrits qui traitent des
mœurs contiennent plusieurs enseignements
et plusieurs exhortations à la vertu qui sont
fort utiles ; que la théologie enseigne à gagner le ciel ; que la philosophie donne
moyen de parler vraisemblablement de
toutes choses et se faire admirer des moins
savants ; que la jurisprudence, la médecine
et les autres sciences apportent des hon-

neurs et des richesses à ceux qui les cultivent; et enfin qu'il est bon de les avoir toutes examinées, même les plus superstitieuses et les plus fausses, afin de connaître leur juste valeur et se garder d'en être trompé.

Mais je croyais avoir déjà donné assez de temps aux langues, et même aussi à la lecture des livres anciens, et à leurs histoires, et à leurs fables. Car c'est quasi le même de converser avec ceux des autres siècles que de voyager. Il est bon de savoir quelque chose des mœurs de divers peuples, afin de juger des nôtres plus sainement, et que nous ne pensions pas que tout ce qui est contre nos modes soit ridicule et contre raison, ainsi qu'ont coutume de faire ceux qui n'ont rien vu. Mais lorsqu'on emploie trop de temps à voyager, on devient enfin étranger en son pays ; et lorsqu'on est trop curieux des choses qui se pratiquaient aux siècles passés, on demeure ordinairement fort ignorant de celles qui se pratiquent en celui-ci. Outre que les fables font imaginer plusieurs événements

comme possibles qui ne le sont point, et
que même les histoires les plus fidèles, si
elles ne changent ni n'augmentent la valeur
des choses pour les rendre plus dignes
d'être lues ; au moins en omettent-elles
presque toujours les plus basses et moins
illustres circonstances, d'où vient que le
reste ne paraît pas tel qu'il est, et que ceux
qui règlent leurs mœurs par les exemples
qu'ils en tirent sont sujets à tomber dans
les extravagances des paladins de nos romans et à concevoir des desseins qui pas-
sent leurs forces.

J'estimais fort l'éloquence et j'étais amoureux de la poésie ; mais je pensais que l'une
et l'autre étaient des dons de l'esprit plutôt
que des fruits de l'étude. Ceux qui ont le
raisonnement le plus fort, et qui digèrent le
mieux leurs pensées afin de les rendre claires et intelligibles, peuvent toujours le
mieux persuader ce qu'ils proposent, encore qu'ils ne parlassent que bas-breton
et qu'ils n'eussent jamais appris de rhéto-
rique ; et ceux qui ont les inventions les
plus agréables, et qui les savent exprimer

avec le plus d'ornement et de douceur, ne laisseraient pas d'être les meilleurs poëtes, encore que l'art poétique leur fût inconnu.

Je me plaisais surtout aux mathématiques, à cause de la certitude et de l'évidence de leurs raisons; mais je ne remarquais point encore leur vrai usage, et, pensant qu'elles ne servaient qu'aux arts mécaniques, je m'étonnais de ce que, leurs fondements étant si fermes et si solides, on n'avait rien bâti dessus de plus relevé. Comme au contraire je comparais les écrits des anciens païens, qui traitent des mœurs, à des palais fort superbes et fort magnifiques qui n'étaient bâtis que sur du sable et sur de la boue : ils élèvent fort haut les vertus, et les font paraître estimables par-dessus toutes les choses qui sont au monde; mais ils n'enseignent pas assez à les connaître, et souvent ce qu'ils appellent d'un si beau nom n'est qu'une insensibilité, ou un orgueil, ou un désespoir, ou un parricide.

Je révérais notre théologie, et prétendais

autant qu'aucun autre à gagner le ciel;
mais ayant appris, comme chose très-assu-
rée, que le chemin n'en est pas moins
ouvert aux plus ignorants qu'aux plus
doctes, et que les vérités révélées qui y
conduisent sont au-dessus de notre intelligence, je n'eusse osé les soumettre à la
faiblesse de mes raisonnements, et je pensais que, pour entreprendre de les examiner et y réussir, il était besoin d'avoir
quelque extraordinaire assistance du ciel et
d'être plus qu'homme.

Je ne dirai rien de la philosophie, sinon
que, voyant qu'elle a été cultivée par les
plus excellents esprits qui aient vécu depuis
plusieurs siècles, et que néanmoins il ne
s'y trouve encore aucune chose dont on ne
dispute, et par conséquent qui ne soit douteuse, je n'avais point assez de présomption
pour espérer d'y rencontrer mieux que les
autres ; et que, considérant combien il peut
y avoir de diverses opinions touchant une
même matière, qui soient soutenues par des
gens doctes, sans qu'il y en puisse avoir
jamais plus d'une seule qui soit vraie, je

réputais presque pour faux tout ce qui n'e-
tait que vraisemblable.

Puis pour les autres sciences, d'autant
qu'elles empruntent leurs principes de la
philosophie, je jugeais qu'on ne pouvait
avoir rien bâti qui fût solide sur des fondements si peu fermes ; et ni l'honneur ni le
gain qu'elles promettent n'étaient suffisants
pour me convier à les apprendre ; car je ne
me sentais point, grâce à Dieu, de condition
qui m'obligeât à faire un métier de la science
pour le soulagement de ma fortune ; et,
quoique je ne fisse pas profession de mépriser la gloire en cynique, je faisais néanmoins fort peu d'état de celle que je n'espérais point pouvoir acquérir qu'à faux titres.
Et enfin, pour les mauvaises doctrines, je
pensais déjà connaître assez ce qu'elles
valaient pour n'être plus sujet à être trompé
ni par les promesses d'un alchimiste, ni par
les prédictions d'un astrologue, ni par les
impostures d'un magicien, ni par les arti-
fices ou la vanterie d'aucun de ceux qui
font profession de savoir plus qu'ils ne
savent.

C'est pourquoi, sitôt que l'âge me permit de sortir de la sujétion de mes précepteurs, je quittai entièrement l'étude des lettres ; et, me résolvant de ne chercher plus d'autre science que celle qui se pourrait trouver en moi-même, ou bien dans le grand livre du monde, j'employai le reste de ma jeunesse à voyager, à voir des cours et des armées, à fréquenter des gens de diverses humeurs et conditions, à recueillir diverses expériences, à m'éprouver moi-même dans les rencontres que la fortune me proposait, et partout à faire telle réflexion sur les choses qui se présentaient que j'en pusse tirer quelque profit. Car il me semblait que je pourrais rencontrer beaucoup plus de vérité dans les raisonnements que chacun fait touchant les affaires qui lui importent, et dont l'événement le doit punir bientôt après s'il a mal jugé, que dans ceux que fait un homme de lettres dans son cabinet touchant des spéculations qui ne produisent aucun effet, et qui ne lui sont d'autre conséquence sinon que peut-être il en tirera d'autant plus de vanité qu'elles seront plus éloignées du sens commun, à cause qu'il aura dû employer d'autant plus d'esprit et d'artifice à tâcher de les rendre vraisemblables. Et j'avais toujours un extrême désir d'apprendre à distinguer le vrai d'avec le faux, pour voir clair en mes actions et marcher avec assurance en cette vie.

Il est vrai que, pendant que je ne faisais que considérer les mœurs des autres hommes, je n'y trouvais guère de quoi m'assurer, et que j'y remarquai quasi autant de diversité que j'avais fait auparavant entre les opinions des philosophes. En sorte que le plus grand profit que j'en retirais était que, voyant plusieurs choses qui, bien qu'elles nous semblent fort extravagantes et ridicules, ne laissent pas d'être communément reçues et approuvées par d'autres grands peuples, j'apprenais à ne rien croire trop fermement de ce qui ne m'avait été persuadé que par l'exemple et par la coutume; et ainsi je me délivrais peu à peu de beaucoup d'erreurs qui peuvent offusquer notre lumière naturelle et nous rendre moins capables d'entendre raison. Mais, après que j'eus employé quelques années à étudier ainsi dans le livre du monde et à tâcher d'acquérir quelque expérience, je pris un jour résolution d'étudier aussi en moi-même, et d'employer toutes les forces de mon esprit à choisir les chemins que je devais suivre; ce qui me réussit beaucoup mieux, ce me semble, que si je me fusse jamais éloigné ni de mon pays ni de mes livres.

DEUXIÈME PARTIE

—

J'étais alors en Allemagne, où l'occasion des guerres qui n'y sont pas encore finies m'avait appelé ; et, comme je retournais du couronnement de l'empereur vers l'armée, le commencement de l'hiver m'arrêta en un quartier où, ne trouvant aucune conversation qui me divertît, et n'ayant d'ailleurs, par bonheur, aucuns soins ni passions qui me troublassent, je demeurais tout le jour enfermé seul dans un poêle, où j'avais tout le loisir de m'entretenir de mes pensées : entre lesquelles l'une des premières fut que je m'avisai de considérer que souvent il n'y a pas tant de perfection dans les ouvrages composés de plusieurs pièces, et faits de la main de divers maîtres, qu'en ceux auxquels un seul a travaillé. Ainsi voit-on que les bâtiments qu'un seul architecte a entrepris et achevés ont

coutume d'être plus beaux et mieux ordon-
nés que ceux que plusieurs ont tâché de
raccommoder en faisant servir de vieilles
murailles qui avaient été bâties à d'autres
fins. Ainsi ces anciennes cités qui, n'ayant
été au commencement que des bourgades,
sont devenues par succession de temps de
grandes villes, sont ordinairement si mal
compassées, au prix de ces places régu-
lières qu'un ingénieur trace à sa fantaisie
dans une plaine, qu'encore que, considérant
leurs édifices chacun à part, on y trouve
souvent autant ou plus d'art qu'en ceux des
autres ; toutefois, à voir comme ils sont ar-
rangés, ici un grand, là un petit, et comme
ils rendent les rues courbées et inégales, on
dirait plutôt que c'est la fortune que la volonté de quelques hommes usant de raison
qui les a ainsi disposés. Et si on considère
qu'il y a eu néanmoins de tout temps quelques officiers qui ont eu charge de prendre
garde aux bâtiments des particuliers pour
les faire servir à l'ornement du public, on
connaîtra bien qu'il est malaisé, en ne tra-
vaillant que sur les ouvrages d'autrui, de

faire des choses fort accomplies. Ainsi je m'imaginai que les peuples qui, ayant été autrefois demi-sauvages, et ne s'étant civilisés que peu à peu, n'ont fait leurs lois qu'à mesure que l'incommodité des crimes et des querelles les y a contraints, ne sauraient être si bien policés que ceux qui, dès le commencement qu'ils se sont assemblés ont observé les constitutions de quelque prudent législateur. Comme il est bien certain que l'état de la vraie religion, dont Dieu seul a fait les ordonnances, doit être incomparablement mieux réglé que tous les autres. Et, pour parler des choses humaines, je crois que si Sparte a été autrefois très-florissante, ce n'a pas été à cause de la bonté de chacune de ses lois en particulier, vu que plusieurs étaient fort étranges et même contraires aux bonnes mœurs ; mais à cause que, n'ayant été inventées que par un seul, elles tendaient toutes à même fin. Et ainsi je pensai que les sciences des livres, au moins celles dont les raisons ne sont que probables, et qui n'ont aucunes démonstrations, s'étant composées et grossies peu à

peu des opinions de plusieurs diverses personnes, ne sont point si approchantes de la
vérité que les simples raisonnements que
peut faire naturellement un homme de bon
sens touchant les choses qui se présentent.
Et ainsi encore je pensai que, pour ce que
nous avons tous été enfants avant que d'être
hommes, et qu'il nous a fallu longtemps
être gouvernés par nos appétits et nos précepteurs, qui étaient souvent contraires les
uns aux autres, et qui, ni les uns ni les
autres, ne nous conseillaient peut-être pas
toujours le meilleur, il est presque impossible que nos jugements soient si purs ni si
solides qu'ils auraient été si nous avions eu
l'usage entier de notre raison dès le point
de notre naissance, et que nous n'eussions
jamais été conduits que par elle.

Il est vrai que nous ne voyons point
qu'on jette par terre toutes les maisons d'une
ville pour le seul dessein de les refaire d'autre façon et d'en rendre les rues plus belles;
mais on voit bien que plusieurs font abattre
les leurs pour les rebâtir, et que même quelquefois ils y sont contraints quand elles

sont en danger de tomber d'elles-mêmes et
que les fondements n'en sont pas bien fermes. A l'exemple de quoi je me persuadai
qu'il n'y aurait véritablement point d'apparence qu'un particulier fît dessein de réformer un Etat en y changeant tout dès les
fondements et en le renversant pour le re-
dresser ; ni même aussi de réformer le corps
des sciences ou l'ordre établi dans les écoles pour les enseigner ; mais que, pour
toutes les opinions que j'avais reçues jusques alors en ma créance, je ne pouvais
mieux faire que d'entreprendre une bonne
fois de les en ôter, afin d'y en remettre par
après ou d'autres meilleures, ou bien les
mêmes, lorsque je les aurais ajustées au ni-
veau de la raison. Et je crus fermement
que par ce moyen je réussirais à conduire
ma vie beaucoup mieux que si je ne bâtis-
sais que sur de vieux fondements, et que
je ne m'appuyasse que sur les principes
que je m'étais laissé persuader en ma
jeunesse, sans avoir jamais examiné s'ils
étaient vrais. Car, bien que je remarquasse
en ceci diverses difficultés, elles n'étaient

point toutefois sans remède, ni comparables
à celles qui se trouvent en la réformation
des moindres choses qui touchent le public.
Ces grands corps sont trop malaisés à re-
lever étant abattus ou même à retenir étant
ébranlés, et leurs chutes ne peuvent être
que très-rudes. Puis, pour leurs imperfec-
tions, s'ils en ont, comme la seule diversité
qui est entre eux suffit pour assurer que
plusieurs en ont, l'usage les à sans doute
fort adoucies, et même il en a évité ou cor-
rigé insensiblement quantité auxquelles on
ne pourrait si bien pourvoir par prudence;
et enfin elles sont quasi toujours plus sup-
portables que ne serait leur changement,
en même façon que les grands chemins qui
tournoient entre les montagnes deviennent
peu à peu si unis et si commodes, à force
d'être fréquentés, qu'il est beaucoup meilleur de les suivre que d'entreprendre d'aller plus droit en grimpant au-dessus des
rochers et descendant jusques au bas des
précipices.

C'est pourquoi je ne saurais aucunement
approuver ces humeurs brouillonnes et in-

quiètes qui, n'étant appelées ni par leur naissance ni par leur fortune au maniement des affaires publiques, ne laissent pas d'y faire toujours, en idée, quelque nouvelle réformation; et si je pensais qu'il y eût la moindre chose en cet écrit par laquelle on me pût soupçonner de cette folie, je serais très-marri de souffrir qu'il fût publié. Jamais mon dessein ne s'est étendu plus avant que de tâcher à réformer mes propres pensées, et de bâtir dans un fonds qui est tout à moi. Que si, mon ouvrage m'ayant assez plu, je vous en fais voir ici le modèle, ce n'est pas pour cela que je veuille conseiller à personne de l'imiter. Ceux que Dieu a mieux partagés de ses grâces auront peut-être des desseins plus relevés; mais je crains bien que celui-ci ne soit déjà que trop hardi pour plusieurs. La seule résolution de se défaire de toutes les opinions qu'on a reçues auparavant en sa créance n'est pas un exemple que chacun doive suivre. Et le monde n'est quasi composé que de deux sortes d'esprits auxquels il ne convient aucunement, à savoir : de ceux

qui, se croyant plus habiles qu'ils ne sont,
ne se peuvent empêcher de précipiter leurs
jugements ni avoir assez de patience pour
conduire par ordre toutes leurs pensées :
d'où vient que, s'ils avaient une fois pris
la liberté de douter des principes qu'ils ont
reçus et de s'écarter du chemin commun,
jamais ils ne pourraient tenir le sentier
qu'il faut prendre pour aller plus droit, et
demeureraient égarés toute leur vie ; puis
de ceux qui, ayant assez de raison ou de
modestie pour juger qu'ils sont moins capables de distinguer le vrai d'avec le faux
que quelques autres par lesquels ils peuvent être instruits, doivent bien plutôt se
contenter de suivre les opinions de ces
autres qu'en chercher eux-mêmes de meilleures.

Et pour moi, j'aurais été sans doute du
nombre de ces derniers si je n'avais jamais
eu qu'un seul maître ou que je n'eusse point
su les différences qui ont été de tout temps
entre les opinions des plus doctes ; mais,
ayant appris, dès le collége, qu'on ne saurait
rie   imaginer de si étrange et si peu croya-

ble, qu'il n'ait été dit par quelqu'un des philosophes ; et depuis, en voyageant, ayant reconnu que tous ceux qui ont des sentiments fort contraires aux nôtres ne sont pas pour cela barbares ni sauvages, mais que plusieurs usent autant ou plus que nous de raison ; et ayant considéré combien un même homme, avec son même esprit, étant nourri dès son enfance entre des Français ou des Allemands, devient différent de ce qu'il serait s'il avait toujours vécu entre des Chinois ou des cannibales; et comment, jusques aux modes de nos habits, la même chose qui nous a plu il y a dix ans, et qui nous plaira peut-être encore avant dix ans, nous semble maintenant extravagante et ridicule ; en sorte que c'est bien plus la coutume et l'exemple qui nous persuade qu'aucune connaissance certaine ; et que néanmoins la pluralité des voix n'est pas une preuve qui vaille rien pour les vérités un peu malaisées à découvrir, à cause qu'il est bien plus vraisemblable qu'un homme seul les ait rencontrées que tout un peuple, je ne pouvais choisir personne dont les opinions me semblassent devoir être préférées à celles des autres, et je me trouvais comme contraint d'entreprendre moi-même de me conduire.

Mais, comme un homme qui marche seul et dans les ténèbres, je me résolus d'aller si lentement et d'user de tant de circonspections en toutes choses, que, si je n'avançais que fort peu, je me garderais bien au moins de tomber : même je ne voulus point commencer à rejeter tout à fait aucune des opinions qui s'étaient pu glisser autrefois en ma créance sans y avoir été introduites par la raison, que je n'eusse auparavant employé assez de temps à faire le projet de l'ouvrage que j'entreprenais, et à chercher la vraie méthode pour parvenir à la connaissance de toutes les choses dont mon esprit serait capable.

J'avais un peu étudié, étant plus jeune, entre les parties de la philosophie, à la logique, et, entre les mathématiques, à l'analyse des géomètres et à l'algèbre, trois arts ou sciences qui semblaient devoir contribuer quelque chose à mon dessein. Mais,

en les examinant, je pris garde que, pour la
logique, ses syllogismes et la plupart de ses
autres instructions servent plutôt à expliquer à autrui les choses qu'on sait, ou
même, comme l'art de Lulle, à parler sans
jugement de celles qu'on ignore, qu'à les
apprendre ; et bien qu'elle contienne, en
effet, beaucoup de préceptes très-vrais et
très-bons, il y en a toutefois tant d'autres
mêlés parmi qui sont ou nuisibles ou superflus, qu'il est presque aussi malaisé de
les en séparer que de tirer une Diane ou
une Minerve hors d'un bloc de marbre qui
n'est point encore ébauché. Puis, pour l'a-
nalyse des anciens et l'algèbre des moder-
nes, outre qu'elles ne s'étendent qu'à des
matières fort abstraites et qui ne semblent
d'aucun usage, la première est toujours si
astreinte à la considération des figures,
qu'elle ne peut exercer l'entendement sans
fatiguer beaucoup l'imagination ; et on s'est
tellement assujetti en la dernière à certaines
règles et à certains chiffres, qu'on en a fait
un art confus et obscur qui embarrasse
l'esprit, au lieu d'une science qui le cultive.

Ce qui fut cause que je pensai qu'il fallait chercher quelque autre méthode qui, comprenant les avantages de ces trois, fût exempte de leurs défauts. Et, comme la multitude des lois fournit souvent des excuses aux vices, en sorte qu'un Etat est bien mieux réglé lorsque, n'en ayant que fort peu, elles y sont fort étroitement observées; ainsi, au lieu de ce grand nombre de préceptes dont la logique est composée, je crus que j'aurais assez des quatre suivants, pourvu que je prisse une ferme et constante résolution de ne manquer pas une seule fois à les observer.

Le premier était de ne recevoir jamais aucune chose pour vraie que je ne la connusse évidemment être telle; c'est-à-dire d'éviter soigneusement la précipitation et la prévention, et de ne comprendre rien de plus en mes jugements que ce qui se présenterait si clairement et si distinctement à mon esprit que je n'eusse aucune occasion de le mettre en doute.

Le second, de diviser chacune des difficultés que j'examinais en autant de parcelles qu'il se pourrait et qu'il serait requis pour les mieux résoudre.

Le troisième, de conduire par ordre mes ensées, en commençant par les objets les plus simples et les plus aisés à connaître, pour monter peu à peu comme par degré jusques à la connaissance des plus composés, et supposant même de l'ordre entre ceux qui ne se précèdent point naturellement les uns les autres.

Et le dernier, de faire partout des dénombrements si entiers et des revues si générales, que je fusse assuré de ne rien omettre.

Ces longues chaînes de raisons, toutes simples et faciles, dont les géomètres ont coutume de se servir pour parvenir à leurs plus difficiles démonstrations, m'avaient donné occasion de m'imaginer que toutes les choses qui peuvent tomber sous la connaissance des hommes s'entresuivent en même façon, et que, pourvu seulement qu'on s'abstienne d'en recevoir aucune pour vraie qui ne le soit, et qu'on garde toujours l'ordre qu'il faut pour les déduire les unes des autres, il n'y en peut avoir de si éloignées auxquelles enfin on ne parvienne, ni de si cachées qu'on ne découvre. Et je ne fus pas beaucoup en peine de chercher par lesquelles il était besoin de commencer, car je savais déjà que c'était par les plus simples et les plus aisées à connaître ; et considérant qu'entre tous ceux qui ont ci-devant recherché la vérité dans les sciences, il n'y a eu que les seuls mathématiciens qui ont pu trouver quelques démonstrations, c'est-à-dire quelques raisons certaines et évidentes, je ne doutais point que ce ne fût par les mêmes qu'ils ont examinées ; bien que je n'en espérasse aucune autre utilité, sinon qu'elles accoutumeraient mon esprit à se repaître de vérités et ne se contenter point de fausses raisons. Mais je n'eus pas dessein pour cela de tâcher d'apprendre toutes ces sciences particulières qu'on nomme communément mathématiques ; et, voyant qu'encore que leurs objets soient différents, elles ne laissent pas de s'accorder toutes, en ce qu'elles n'y considèrent autre chose que les divers rapports ou pro portions qui s'y trouvent, je pensai qu'il

valait mieux que j'examinasse seulement
ces proportions en général et sans les supposer que dans les sujets qui serviraient à
m'en rendre la connaissance plus aisée,
même aussi sans les y astreindre aucunement, afin de les pouvoir d'autant mieux
appliquer après à tous les autres auxquels
elles conviendraient. Puis, ayant pris garde
que, pour les connaître, j'aurais quelquefois
besoin de les considérer chacune en particulier, et quelquefois seulement de les retenir ou de les comprendre plusieurs ensemble, je pensai que, pour les considérer
mieux en particulier, je les devais supposer
en des lignes, à cause que je ne trouvais
rien de plus simple ni que je pusse plus distinctement représenter à mon imagination
et à mes sens; mais que, pour les retenir
ou les comprendre plusieurs ensemble, il
fallait que je les expliquasse par quelques
chiffres, les plus courts qu'il serait possible ;
et que, par ce moyen, j'emprunterais tout
le meilleur de l'analyse géométrique et de
l'algèbre, et corrigerais tous les défauts de
l'une par l'autre.

Comme, en effet, j'ose dire que l'exacte
observation de ce peu de préceptes que j'a-
vais choisis me donna telle facilité à démêler
toutes les questions auxquelles ces deux
sciences s'étendent, qu'en deux ou trois
mois que j'employai à les examiner, ayant
commencé par les plus simples et les plus
générales, et chaque vérité que je trouvais
étant une règle qui me servait après à en
trouver d'autres, non-seulement je vins à
bout de plusieurs que j'avais jugées autrefois très-difficiles, mais il me sembla aussi
vers la fin que je pouvais déterminer, en
celles même que j'ignorais, par quels
moyens et jusqu'où il était possible de les
résoudre. En quoi je ne vous paraîtrai
peut-être pas être fort vain si vous consi-
dérez que, n'y ayant qu'une vérité de chaque chose, quiconque la trouve en sait autant qu'on peut savoir ; et que, par exemple, un enfant instruit en l'arithmétique,
ayant fait une addition suivant ses règles,
se peut assurer d'avoir trouvé, touchant la
somme qu'il examinait, tout ce que l'esprit
humain saurait trouver ; car enfin la mé-

thode qui enseigne à suivre le vrai ordre et
à dénombrer exactement toutes les circonstances de ce qu'on cherche contient tout ce
qui donne de la certitude aux règles d'a-
rithmétique

Mais ce qui me contentait le plus de cette
méthode était que, par elle, j'étais assuré
d'user en tout de ma raison, sinon parfaitement, au moins le mieux qu'il fût en mon
pouvoir : outre que je sentais, en la prati-
quant, que mon esprit s'accoutumait peu à
peu à concevoir plus nettement et plus distinctement ses objets ; et que, ne l'ayant
point assujettie à aucune matière particulière, je me promettais de l'appliquer aussi
utilement aux difficultés des autres sciences
que j'avais fait à celles de l'algèbre. Non
que pour cela j'osasse entreprendre d'abord
d'examiner toutes celles qui se présente-
raient, car cela même eût été contraire à
l'ordre qu'elle prescrit ; mais, ayant pris
garde que leurs principes devaient tous être
empruntés de la philosophie, en laquelle je
n'en trouvais point encore de certains, je
pensai qu'il fallait avant tout que je tâchasse

d'y en établir, et que, cela étant la chose
du monde la plus importante, et où la précipitation et la prévention étaient le plus à
craindre, je ne devais point entreprendre
d'en venir à bout que je n'eusse atteint un
âge bien plus mûr que celui de vingt-trois
ans que j'avais alors, et que je n'eusse auparavant employé beaucoup de temps à m'y
préparer, tant en déracinant de mon esprit
toutes les mauvaises opinions que j'y avais
reçues avant ce temps-là, qu'en faisant
amas de plusieurs expériences, pour être
après la matière de mes raisonnements, et
en m'exerçant toujours en la méthode que
je m'étais prescrite, afin de m'y affermir de
plus en plus.

TROISIÈME PARTIE

—

Et enfin, comme ce n'est pas assez, avant de commencer à rebâtir le logis où on demeure, que de l'abattre et de faire provision de matériaux et d'architectes, ou s'exercer soi-même à l'architecture, et outre cela d'en avoir soigneusement tracé le dessin, mais qu'il faut aussi s'être pourvu de quelque autre où on puisse être logé commodément pendant le temps qu'on y travaillera ; ainsi, afin que je ne demeurasse point irrésolu en mes actions, pendant que la raison m'obligerait de l'être en mes jugements, et que je ne laissasse pas de vivre dès lors le plus heureusement que je pourrais, je me formai une morale par provision, qui ne consistait qu'en trois ou quatre maximes dont je veux bien vous faire part.

La première était d'obéir aux lois et aux

coutumes de mon pays, retenant constamment la religion en laquelle Dieu m'a fait la grâce d'être instruit dès mon enfance, et me gouvernant en toute autre chose suivant les opinions les plus modérées et les plus éloignées de l'excès qui fussent communément reçues en pratique par les mieux sensés de ceux avec lesquels j'aurais à vivre. Car, commençant dès lors à ne compter pour rien les miennes propres, à cause que je les voulais toutes remettre à l'examen, j'étais assuré de ne pouvoir mieux que de suivre celle des mieux sensés. Et encore qu'il y en ait peut-être d'aussi bien sensés parmi les Perses ou les Chinois que parmi nous, il me semblait que le plus utile était de me régler selon ceux avec lesquels j'aurais à vivre; et que, pour savoir quelles étaient véritablement leurs opinions, je devais plutôt prendre garde à ce qu'ils pratiquaient qu'à ce qu'ils disaient, non-seulement à cause qu'en la corruption de nos mœurs il y a peu de gens qui veuillent dire tout ce qu'ils croient, mais aussi à cause que plusieurs l'ignorent eux-mêmes; car l'action de la pensée par laquelle on croit une chose étant différente de celle par laquelle on connaît qu'on la croit, elles sont souvent l'une sans l'autre. Et, entre plusieurs opinions également reçues, je ne choisissais que les plus modérées, tant à cause que ce sont toujours les plus commodes pour la pratique, et vraisemblablement les meilleures, tout excès ayant coutume d'être mauvais; comme aussi afin de me détourner moins du vrai chemin, en cas que je faillisse, que si, ayant choisi l'un des extrêmes, c'eût été l'autre qu'il eût fallu suivre. Et particulièrement je mettais entre les excès toutes les promesses par lesquelles on retranche quelque chose de sa liberté; non que je désapprouvasse les lois qui, pour remédier à l'inconstance des esprits faibles, permettent, lorsqu'on a quelque bon dessein, ou même pour la sûreté du commerce, quelque dessein qui n'est qu'indifférent, qu'on fasse des vœux ou des contrats qui obligent à y persévérer; mais à cause que je ne voyais au monde aucune chose qui demeurât toujours en même état, et que, pour mon particulier, je me promettais de perfectionner de plus en plus mes jugements, et non point de les rendre pires, j'eusse pensé commettre une grande faute contre le bon sens, si, pour ce que j'approuvais alors quelque chose, je me fusse obligé de la prendre pour bonne encore après, lorsqu'elle aurait peut-être cessé de l'être, ou que j'aurais cessé de l'estimer telle.

Ma seconde maxime était d'être le plus ferme et le plus résolu en mes actions que je pourrais, et de ne suivre pas moins constamment les opinions les plus douteuses lorsque je m'y serais une fois déterminé que si elles eussent été très-assurées : imitant en ceci les voyageurs qui, se trouvant égarés en quelque forêt, ne doivent pas errer en tournoyant tantôt d'un côté, tantôt d'un autre, ni encore moins s'arrêter en une place, mais marcher toujours le plus droit qu'ils peuvent vers un même côté, et ne le changer point pour de faibles raisons, encore que ce n'ait peut-être été au commencement que le hasard seul qui les ait

déterminés à le choisir ; car, par ce moyen,
s'ils ne vont justement où ils désirent, ils
arriveront au moins à la fin quelque part où
vraisemblablement ils seront mieux que
dans le milieu d'une forêt. Et ainsi les actions de la vie ne souffrant souvent aucun
délai, c'est une vérité très-certaine que,
lorsqu'il n'est pas en notre pouvoir de discerner les plus vraies opinions, nous devons
suivre les plus probables ; et même qu'encore que nous ne remarquions point davantage de probabilité aux unes qu'aux autres,
nous devons néanmoins nous déterminer à
quelques-unes, et les considérer après, non
plus comme douteuses en tant qu'elles se
rapportent à la pratique, mais comme très-
vraies et très-certaines, à cause que la raison qui nous y a fait déterminer se trouve
telle. Et ceci fut capable dès lors de me dé-
livrer de tous les repentirs et les remords
qui ont coutume d'agiter les consciences de
ces esprits faibles et chancelants qui se
laissent aller inconstamment à pratiquer
comme bonnes les choses qu'ils jugent après
être mauvaises.

Ma troisième maxime était de tâcher toujours plutôt à me vaincre que la fortune, et à changer mes désirs que l'ordre du monde, et généralement de m'accoutumer à croire qu'il n'y a rien qui soit entièrement en notre pouvoir que nos pensées, en sorte qu'après que nous avons fait notre mieux touchant les choses qui nous sont extérieures, tout ce qui manque de nous réussir est au regard de nous absolument impossible. Et ceci seul me semblait être suffisant pour m'empêcher de rien désirer à l'avenir que je n'acquisse, et ainsi pour me rendre content : car notre volonté ne se portant naturellement à désirer que les choses que notre entendement représente en quelque façon comme possibles, il est certain que si nous considérons tous les biens qui sont hors de nous comme également éloignés de notre pouvoir, nous n'aurons pas plus de regret de manquer de ceux qui semblent être dus à notre naissance lorsque nous en serons privés sans notre faute, que nous avons de ne posséder pas les royaumes de la Chine ou du Mexique ; et que faisant. comme on

dit, de nécessité vertu, nous ne désirerons
pas davantage d'être sains étant malades,
ou d'être libres étant en prison, que nous
faisons maintenant d'avoir des corps d'une
matière aussi peu corruptible que les diamants, ou des ailes pour voler comme les
oiseaux. Mais j'avoue qu'il est besoin d'un
long exercice et d'une méditation souvent
réitérée pour s'accoutumer à regarder de ce
biais toutes les choses : et je crois que c'est
principalement en ceci que consistait le se-
cret de ces philosophes qui ont pu autrefois
se soustraire à l'empire de la fortune, et,
malgré les douleurs et la pauvreté, disputer
de la félicité avec leurs dieux. Car, s'occu-
pant sans cesse à considérer les bornes qui
leur étaient prescrites par la nature, ils se
persuadaient si parfaitement que rien n'était
en leur pouvoir que leurs pensées, qu'
cela seul était suffisant pour les empêch
d'avoir aucune affection pour d'autres choses; et ils disposaient d'elles si absolument
qu'ils avaient en cela quelque raison de
s'estimer plus riches et plus puissants, et
plus libres et plus heureux qu'aucun des

autres hommes, qui, n'ayant point cette philosophie, tant favorisés de la nature et de la fortune qu'ils puissent être, ne disposent jamais ainsi de tout ce qu'ils veulent.

Enfin, pour conclusion de cette morale, je m'avisai de faire une revue sur les diverses occupations qu'ont les hommes en cette vie, pour tâcher à faire choix de la meilleure ; et, sans que je veuille rien dire de celles des autres, je pensais que je ne pouvais mieux que de continuer en celle-là même où je me trouvais, c'est-à-dire que d'employer toute ma vie à cultiver ma raison, et m'avancer autant que je pourrais en la connaissance de la vérité, suivant la méthode que je m'étais prescrite. J'avais éprouvé de si extrêmes contentements depuis que j'avais commencé à me servir de cette méthode, que je ne croyais pas qu'on en pût recevoir de plus doux ni de plus innocents en cette vie ; et découvrant tous les jours, par son moyen, quelques vérités qui me semblaient assez importantes et communément ignorées des autres hommes, la satisfaction que j'en

avais remplissait tellement mon esprit, que
tout le reste ne me touchait point. Outre
que les trois maximes précédentes n'étaient
fondées que sur le dessein que j'avais de
continuer à m'instruire : car Dieu nous
ayant donné à chacun quelque lumière pour
discerner le vrai d'avec le faux, je n'eusse
pas cru me devoir contenter des opinions
d'autrui un seul moment, si je ne me fusse
proposé d'employer mon propre jugement
à les examiner lorsqu'il serait temps ; et je
n'eusse su m'exempter de scrupule en les
suivant, si je n'eusse espéré de ne perdre
pour cela aucune occasion d'en trouver de
meilleures en cas qu'il y en eût ; et enfin
je n'eusse su borner mes désirs ni être content, si je n'eusse suivi un chemin par lequel, pensant être assuré de l'acquisition de
toutes les connaissances dont je serais capable, je le pensais être par même moyen
de celle de tous les vrais biens qui seraient
jamais en mon pouvoir ; d'autant que, notre volonté ne se portant à suivre ni à fuir
aucune chose que selon que notre entendement la lui représente bonne ou mauvaise,

il suffit de bien juger pour bien faire, et de juger le mieux qu'on puisse pour faire aussi tout son mieux, c'est-à-dire pour acquérir toutes les vertus, et ensemble tous les autres biens qu'on puisse acquérir ; et, lorsqu'on est certain que cela est, on ne saurait manquer d'être content.

Après m'être ainsi assuré de ces maximes, et les avoir mises à part avec les vérités de la foi, qui ont toujours été les premières en ma créance, je jugeai que pour tout le reste de mes opinions je pouvais librement entreprendre de m'en défaire. Et d'autant que j'espérais en pouvoir mieux venir à bout en conversant avec les hommes qu'en demeurant plus longtemps renfermé dans le poêle où j'avais eu toutes ces pensées : l'hiver n'était pas encore bien achevé que je me remis à voyager. Et en toutes les neuf années suivantes je ne fis autre chose que rouler çà et là dans le monde, tâchant d'y être spectateur plutôt qu'acteur en toutes les comédies qui s'y jouent ; et, faisant particulièrement réflexion en chaque matière sur ce qui la pouvait rendre suspecte et nous donner occasion de nous méprendre, je déracinais cependant de mon esprit toutes les erreurs qui s'y étaient pu glisser auparavant. Non que j'imitasse pour cela les sceptiques, qui ne doutent que pour douter et affectent d'être toujours irrésolus ; car, au contraire, tout mon dessein ne tendait qu'à m'assurer et à rejeter la terre mouvante et le sable pour trouver le roc ou l'argile. Ce qui me réussissait ce me semble assez bien, d'autant que, tâchant à découvrir la fausseté ou l'incertitude des propositions que j'examinais, non par de faibles conjectures, mais par des raisonnements clairs et assurés, je n'en rencontrais point de si douteuse que je n'en tirasse toujours quelque conclusion assez certaine, quand ce n'eût été que cela même qu'elle ne contenait rien de certain. Et, comme en abattant un vieux logis, on en réserve ordinairement les démolitions pour servir à en bâtir un nouveau ; ainsi, en détruisant toutes celles de mes opinions que je jugeais être mal fondées, je faisais diverses observations et acquérais plusieurs expériences qui m'ont servi de-

puis à en établir de plus certaines. Et de
plus, je continuais à m'exercer en la méthode que je m'étais prescrite ; car, outre
que j'avais soin de conduire généralement
toutes mes pensées selon les règles, je me
réservais de temps en temps quelques heures, que j'employais particulièrement à la
pratique en des difficultés mathématiques,
ou même aussi en quelques autres que je
pouvais rendre quasi semblables à celles
des mathématiques, en les détachant de
tous les principes des autres sciences
que je ne trouvais pas assez fermes, comme
vous verrez que j'ai fait en plusieurs qui
sont expliqués en ce volume (1). Et ainsi,
sans vivre d'autre façon en apparence que
ceux qui, n'ayant aucun emploi qu'à passer
une vie douce et innocente, s'étudient à séparer les plaisirs des vices, et qui, pour
jouir de leur loisir sans s'ennuyer, usent de
tous les divertissements qui sont honnêtes,
je ne laissais pas de poursuivre en mon des-

(1) La *Dioptrique*, les *Météores* et la *Géométrie* parurent d'abord dans le même volume
que ce Discours.

sein et de profiter en la connaissance de la
vérité, peut-être plus que si je n'eusse fait
que lire des livres ou fréquenter des gens
de lettres.

Toutefois ces neuf années s'écoulèrent
avant que j'eusse pris aucun parti touchant
les difficultés qui ont coutume d'être dis-
putées entre les doctes, ni commencé à
chercher les fondements d'aucune philosophie plus certaine que la vulgaire. Et
l'exemple de plusieurs excellents esprits
qui, en ayant eu ci-devant le dessein, me
semblaient n'y avoir pas réussi, m'y faisait
imaginer tant de difficultés, que je n'eusse
peut-être pas encore sitôt osé l'entreprendre, si je n'eusse vu que quelques-uns faisaient déjà courre le bruit que j'en étais
venu à bout. Je ne saurais pas dire sur quoi
ils fondaient cette opinion ; et si j'y ai con-
tribué quelque chose par mes discours, ce
doit avoir été en confessant plus ingénu-
ment ce que j'ignorais que n'ont coutume
de faire ceux qui ont un peu étudié, et
peut-être aussi en faisant voir les raisons
que j'avais de douter de beaucoup de cho-

ses que les autres estiment certaines, plutôt qu'en me vantant d'aucune doctrine. Mais, ayant le cœur assez bon pour ne vouloir point qu'on me prît pour autre chose que je n'étais, je pensai qu'il fallait que je tâchasse par tous moyens à me rendre digne de la réputation qu'on me donnait, et il y a justement huit ans que ce désir me fit résoudre à m'éloigner de tous les lieux où je pouvais avoir des connaissances, et à me retirer ici, en un pays où la longue durée de la guerre a fait établir de tels ordres que les armées qu'on y entretient ne semblent servir qu'à faire qu'on y jouisse des fruits de la paix avec d'autant plus de sûreté, et où, parmi la foule d'un grand peuple fort actif et plus soigneux de ses propres affaires que curieux de celles d'autrui, sans manquer d'aucune des commodités qui sont dans les villes les plus fréquentées, j'ai pu vivre aussi solitaire et retiré que dans les déserts les plus écartés.

———

QUATRIÈME PARTIE

—

Je ne sais si je dois vous entretenir des premières méditations que j'y ai faites; car elles sont si métaphysiques et peu communes, qu'elles ne seront peut-être pas au goût de tout le monde; et, toutefois, afin qu'on puisse juger si les fondements que j'ai pris sont assez fermes, je me trouve en quelque façon contraint d'en parler. J'avais dès longtemps remarqué que pour les mœurs il est besoin quelquefois de suivre des opinions qu'on sait être fort incertaines, tout de même que si elles étaient indubitables, ainsi qu'il a été dit ci-dessus; mais pour ce qu'alors je désirais vaquer seulement à la recherche de la vérité, je pensai qu'il fallait que je fisse tout le contraire, et que je rejetasse comme absolument faux tout ce en quoi je pourrais imaginer le moindre doute, afin de voir s'il ne me res-

terait point après cela quelque chose en
ma créance qui fût entièrement indubitable.
Ainsi, à cause que nos sens nous trompent
quelquefois, je voulus supposer qu'il n'y
avait aucune chose qui fût telle qu'ils nous
la font imaginer; et parce qu'il y a des
hommes qui se méprennent en raisonnant
même touchant les plus simples matières de
géométrie, et y font des paralogismes, ju-
geant que j'étais sujet à faillir autant qu'aucun autre, je rejetai comme fausses toutes
les raisons que j'avais prises auparavant
pour démonstrations; et enfin, considérant
que toutes les mêmes pensées que nous
avons étant éveillés nous peuvent aussi venir quand nous dormons sans qu'il y en ait
aucune pour lors qui soit vraie, je me résolus de feindre que toutes les choses qui
m'étaient entrées en esprit n'étaient non
plus vraies que les illusions de mes songes.
Mais aussitôt après je pris garde que, pendant que je voulais ainsi penser que tout
était faux, il fallait nécessairement que moi
qui le pensais fusse quelque chose; et, remarquant que cette vérité : *je pense, donc*

je suis, était si ferme et si assurée que toutes les plus extravagantes suppositions des
sceptiques n'étaient pas capables de l'é-
branler, je jugeai que je pouvais la recevoir
sans scrupule pour le premier principe de
la philosophie que je cherchais.

Puis, examinant avec attention ce que
j'étais, et voyant que je pouvais feindre
que je n'avais aucun corps et qu'il n'y avait
aucun monde ni aucun lieu où je fusse,
mais que je ne pouvais pas feindre pour
cela que je n'étais point, et qu'au contraire,
de cela même que je pensais à douter de la
vérité des autres choses, il suivait très-évi-
demment et très-certainement que j'étais ;
au lieu que, si j'eusse seulement cessé de
penser, encore que tout le reste de ce que
j'avais imaginé eût été vrai, je n'avais aucune raison de croire que j'eusse été, je
connus de là que j'étais une substance dont
toute l'essence ou la nature n'est que de
penser, et qui, pour être, n'a besoin d'aucun lieu ni ne dépend d'aucune chose ma-
térielle ; en sorte que ce moi, c'est-à-dire
l'âme, par laquelle je suis ce que je suis,

est entièrement distincte du corps, et même qu'elle est plus aisée à connaître que lui, et qu'encore qu'elle ne fût point, elle ne laisserait pas d'être tout ce qu'elle est.

Après cela, je considérai en général ce qui est requis à une proposition pour être vraie et certaine ; car puisque je venais d'en trouver une que je savais être telle, je pensai que je devais aussi savoir en quoi consiste cette certitude. Et ayant remarqué qu'il n'y a rien du tout en ceci, *je pense, donc je suis*, qui m'assure que je dis la vérité, sinon que je vois très-clairement que, pour penser, il faut être, je jugeai que je pouvais prendre pour règle générale que les choses que nous concevons fort clairement et fort distinctement sont toutes vraies, mais qu'il y a seulement quelque difficulté à bien remarquer quelles sont celles que nous concevons distinctement.

En suite de quoi, faisant réflexion sur ce que je doutais, et que, par conséquent, mon être n'était pas tout parfait, car je voyais clairement que c'était une plus grande perfection de connaître que de douter, je m'avisai de chercher d'où j'avais appris à penser à quelque chose de plus parfait que je n'étais, et je connus évidemment que ce devait être de quelque nature qui fût en effet plus parfaite. Pour ce qui est des pensées ue j'avais de plusieurs autres choses hors de moi, comme du ciel, de la terre, de la lumière, de la chaleur, et de mille autres, je n'étais point tant en peine de savoir d'où elles venaient, à cause que, ne remarquant rien en elles qui me semblât les rendre supérieures à moi, je pouvais croire que, si elles étaient vraies, c'étaient des dépendances de ma nature, en tant qu'elle avait quelque perfection ; et si elles ne l'étaient pas, que je les tenais du néant, c'est-à-dire qu'elles étaient en moi pour ce que j'avais du défaut. Mais ce ne pouvait être le même de l'idée d'un être plus parfait que le mien; car de la tenir du néant c'était chose manifestement impossible. Et pour ce qu'il n'y a pas moins de répugnance que le plus parfait soit une suite et une dépendance du moins parfait qu'il y en a que de rien procède quelque chose, je ne la pouvais tenir

non plus de moi-même : de façon qu'il res-
tait qu'elle eût été mise en moi par une nature qui fût véritablement plus parfaite que
je n'étais, et même qui eût en soi toutes
les perfections dont je pouvais avoir quelque idée, c'est-à-dire, pour m'expliquer en
un mot, qui fût Dieu. A quoi j'ajoutai que,
puisque je connaissais quelques perfections
que je n'avais point, je n'étais pas le seul
être qui existât (j'userai, s'il vous plaît, ici
librement des mots de l'école), mais qu'il
fallait de nécessité qu'il y en eût quelque
autre plus parfait, duquel je dépendisse, et
duquel j'eusse acquis tout ce que j'avais :
car si j'eusse été seul et indépendant de
tout autre, en sorte que j'eusse eu de moi-
même tout ce peu que je participais de
l'Etre parfait, j'eusse pu avoir de moi, par
même raison, tout le surplus que je connaissais me manquer, et ainsi être moi-
même infini, éternel, immuable, tout con-
naissant, tout puissant, et enfin avoir toutes
les perfections que je pouvais remarquer
être en Dieu. Car, suivant les raisonnements
que je viens de faire, pour connaître la na-

ture de Dieu autant que la mienne en était capable, je n'avais qu'à considérer, de toutes les choses dont je trouvais en moi quelque idée, si c'était perfection ou non de les posséder, et j'étais assuré qu'aucune de celles qui marquaient quelque imperfection n'était en lui, mais que toutes les autres y étaient : comme je voyais que le doute, l'inconstance, la tristesse et choses semblables n'y pouvaient être, vu que j'eusse été moi-même bien aise d'en être exempt. Puis, outre cela, j'avais des idées de plusieurs choses sensibles et corporelles ; car, quoique je supposasse que je rêvais et que tout ce que je voyais ou imaginais était faux, je ne pouvais nier toutefois que les idées n'en fussent véritablement en ma pensée. Mais, pour ce que j'avais déjà connu en moi très-clairement que la nature intelligente et distincte de la corporelle, considérant que toute composition témoigne de la dépendance, et que la dépendance est manifestement un défaut, je jugeais de là que ce ne pouvait être une perfection en Dieu d'être composé de ces deux natures, et que

par conséquent il ne l'était pas; mais que
s'il y avait quelques corps dans le monde,
ou bien quelques intelligences ou autres
natures qui ne fussent point toutes parfai-
tes, leur être devrait dépendre de sa puissance, en telle sorte qu'elles ne pouvaient
subsister sans lui un seul moment.

Je voulus chercher un instant d'autres
vérités; et m'étant proposé l'objet des géomètres, que je concevais comme un corps
continu, ou un espace infiniment étendu en
longueur, largeur et hauteur ou profon-
deur, divisible en diverses parties qui pouvaient avoir diverses figures et grandeurs
et être mues ou transposées en toutes sortes, car les géomètres supposent tout cela
en leur objet, je parcourus quelques-unes
de leurs plus simples démonstrations, et,
ayant pris garde que cette grande certitude
que tout le monde leur attribue n'est fondée que sur ce qu'on les conçoit évidemment, suivant la règle que j'ai tantôt dite,
je pris garde aussi qu'il n'y avait rien du
tout en elles qui m'assurât de l'existence de
leur objet : car, par exemple, je voyais

bien que, supposant un triangle, il fallait
que ses trois angles fussent égaux à deux
droits, mais je ne voyais rien pour cela qui
m'assurât qu'il y eût au monde aucun triangle; au lieu que, revenant à examiner
l'idée que j'avais d'un Etre parfait, je trouvais que l'existence y était comprise en
même façon qu'il est compris en celle d'un
triangle que ses trois angles sont égaux
à deux droits, ou en celle d'une sphère que
toutes ses parties sont également distantes
de son centre, ou même encore plus évidemment; et que, par conséquent, il est
pour le moins aussi certain que Dieu, qui
est cet être si parfait, est ou existe, qu'aucune démonstration de géométrie le saurait
être.

Mais ce qui fait qu'il y en a plusieurs qui
se persuadent qu'il y a de la difficulté à le
connaître, et même aussi à connaître ce que
c'est que leur âme, c'est qu'ils n'élèvent
jamais leur esprit au delà des choses sensibles, et qu'ils sont tellement accoutumés à
ne rien considérer qu'en l'imaginant, qui
est une façon de penser particulière pour

les choses matérielles, que tout ce qui n'est pas imaginable leur semble n'être pas intelligible. Ce qui est assez manifeste de ce que même les philosophes tiennent pour maxime dans les écoles, qu'il n'y a rien dans l'entendement qui n'ait premièrement été dans le sens, où toutefois il est certain que les idées de Dieu et de l'âme n'ont jamais été; et il me semble que ceux qui veulent user de leur imagination pour les comprendre font tout de même que si, pour ouïr les sons ou sentir les odeurs, ils se voulaient servir de leurs yeux: sinon qu'il y a encore cette différence, que le sens de la vue ne nous assure pas moins de la vérité de ces objets que font ceux de l'odorat ou de l'ouïe; au lieu que ni notre imagination ni nos sens ne nous sauraient jamais assurer d'aucune chose si notre entendement n'y intervient.

Enfin, s'il y a encore des hommes qui ne soient pas assez persuadés de l'existence de Dieu et de leur âme par les raisons que j'ai apportées, je veux bien qu'ils sachent que toutes les autres choses dont ils se pensent peut-être plus assurés, comme d'avoir un corps, et qu'il y a des astres et une terre, et choses semblables, sont moins certaines ; car, encore qu'on ait une assurance morale de ces choses, qui est telle qu'il semble qu'à moins d'être extravagant on n'en peut douter, toutefois aussi, à moins que d'être déraisonnable, lorsqu'il est question d'une certitude métaphysique on ne peut nier que ce ne soit assez de sujet pour n'en être pas entièrement assuré que d'avoir pris garde qu'on peut en même façon s'imaginer, étant endormi, qu'on a un autre corps et qu'on voit d'autres astres et une autre terre sans qu'il en soit rien. Car d'où sait-on que les pensées qui viennent en songe sont plutôt fausses que les autres, vu que souvent elles ne sont pas moins vives et expresses ? Et que les meilleurs esprits y étudient tant qu'il leur plaira, je ne crois pas qu'ils puissent donner aucune raison qui soit suffisante pour ôter ce doute, s'ils ne présupposent l'existence de Dieu. Car, premièrement. cela même que j'ai tantôt pris

pour une règle, à savoir, que les choses que nous concevons très-clairement
et très-distinctement sont toutes vraies,
n'est assuré qu'à cause que Dieu est ou
existe, et qu'il est un être parfait, et
que tout ce qui est en nous vient de lui :
d'où il suit que nos idées ou notions étant
des choses réelles et qui viennent de Dieu,
en tout ce en quoi elles sont claires et distinctes, ne peuvent en cela être que vraies.
En sorte que si nous en avons assez souvent
qui contiennent de la fausseté, ce ne peut
être que celles qui ont quelque chose de
confus et obscur, à cause qu'en cela elles
participent du néant, c'est-à-dire qu'elles
ne sont en nous ainsi confuses qu'à cause
que nous ne sommes pas tout parfaits. Et il
est évident qu'il n'y a pas moins de répugnance que la fausseté ou l'imperfection
procède de Dieu en tant que telle, qu'il y
en a que la vérité ou la perfection procède
du néant. Mais si nous ne savions point que
tout ce qui est en nous de réel et de vrai
vient d'un être parfait et infini, pour claires
et distinctes que fussent nos idées, nous

n'aurions aucune raison qui nous assurât qu'elles eussent la perfection d'être vraies.

Or, après que la connaissance de Dieu et de l'âme nous a ainsi rendus certains de cette règle, il est bien aisé à connaître que les rêveries que nous imaginons étant endormis ne doivent aucunement nous faire douter de la vérité des pensées que nous avons étant éveillés. Car s'il arrivait, même en dormant, qu'on eût quelque idée fort distincte, comme, par exemple, qu'un géomètre inventât quelque nouvelle démonstration, son sommeil ne l'empêcherait pas d'être vraie ; et pour l'erreur la plus ordinaire de nos songes, qui consiste en ce qu'ils nous représentent divers objets en même façon que font nos sens extérieurs, n'importe pas qu'elle nous donne occasion de nous défier de la vérité de telles idées, à cause qu'elles peuvent aussi nous tromper assez souvent sans que nous dormions : comme lorsque ceux qui ont la jaunisse voient tout de couleur jaune, ou que les astres ou autres corps fort éloignés nous paraissent beaucoup plus petits qu'ils ne sont.

Car enfin, soit que nous veillions, soit que
nous dormions, nous ne nous devons jamais
laisser persuader qu'à l'évidence de notre
raison. Et il est à remarquer que je dis de
notre raison, et non point de notre imagination ni de nos sens : comme encore que
nous voyons le soleil très-clairement, nous
ne devons pas juger pour cela qu'il ne soit
que de la grandeur que nous le voyons ; et
nous pouvons bien imaginer distinctement
une tête de lion entée sur le corps d'une
chèvre, sans qu'il faille conclure pour cela
qu'il y ait au monde une chimère : car la
raison ne nous dicte point que ce que nous
voyons ou imaginons ainsi soit véritable,
mais elle nous dicte bien que toutes nos
idées ou notions doivent avoir quelque fondement de vérité ; car il ne serait pas possible que Dieu, qui est tout parfait et tout
véritable, les eût mises en nous sans cela ;
et, pour ce que nos raisonnements ne sont
jamais si évident ni si entiers pendant le
sommeil que pendant la veille, bien que
quelquefois nos imaginations soient alors
autant ou plus vives et expresses, elle

nous dicte aussi que nos pensées ne pouvant être toutes vraies, à cause que nous ne sommes pas tout parfaits, ce qu'elles ont de vérité doit infailliblement se rencontrer en celles que nous avons étant éveillés plutôt qu'en nos songes.

CINQUIÈME PARTIE

—

Je serais bien aise de poursuivre et de faire voir ici toute la chaîne des autres vérités que j'ai déduites de ces premières; mais, à cause que pour cet effet il serait maintenant besoin que je parlasse de plusieurs questions qui sont en controverse entre les doctes, avec lesquels je ne désire point me brouiller, je crois qu'il sera mieux que je m'en abstienne, et que je dise seulement en général quelles elles sont, afin de laisser juger aux plus sages s'il serait utile que le public en fût plus particulièrement informé. Je suis toujours demeuré ferme en la résolution que j'avais prise de ne supposer aucun autre principe que celui dont je viens de me servir pour démontrer l'existence de Dieu et de l'âme, et de ne recevoir aucune chose pour vraie qui ne me semblât plus claire et plus certaine que n'avaient

fait auparavant les démonstrations des géomètres, et néanmoins j'ose dire que non-
seulement j'ai trouvé moyen de me satis-
faire en peu de temps touchant toutes les
principales difficultés dont on a coutume de
traiter en la philosophie, mais aussi que
j'ai remarqué certaines lois que Dieu a tellement établies en la nature, et dont il a
imprimé de telles notions en nos âmes,
qu'après y avoir fait assez de réflexion nous
ne saurions douter qu'elles ne soient exactement observées en tout ce qui est ou
ce qui se fait dans le monde. Puis, en considérant la suite de ces lois, il me semble
avoir découvert plusieurs vérités plus utiles
et plus importantes que tout ce que j'avais
appris auparavant ou même espéré d'apprendre.

Mais pour ce que j'ai tâché d'en expliquer les principales dans un traité que
quelques considérations m'empêchent de
publier (1), je ne le saurais mieux faire
connaître qu'en disant ici sommairement

(1) Le *Traité du Monde ou de la Lumière*

ce qu'il contient. J'ai eu dessein d'y comprendre tout ce que je pensais savoir, avant que de l'écrire, touchant la nature des choses matérielles. Mais, tout de même que les peintres, ne pouvant également bien représenter dans un tableau plat toutes les diverses faces d'un corps solide, en choisissent une des principales, qu'ils mettent seule vers le jour, et, ombrageant les autres, ne les font paraître qu'autant qu'on les peut voir en la regardant, ainsi, craignant de ne pouvoir mettre en mon discours tout ce que j'avais en la pensée, j'entrepris seulement d'y exposer bien amplement ce que je concevais de la lumière, puis, à son occasion, d'y ajouter quelque chose du soleil et des étoiles fixes, à cause qu'elle en procède presque toute : des cieux, à cause qu'ils la transmettent ; des planètes, des comètes et de la terre, à cause qu'elles la font réfléchir ; et en particulier de tous les corps qui sont sur la terre, à cause qu'ils sont ou colorés, ou transparents, ou lumineux ; et enfin de l'homme, à cause qu'il en est le spectateur. Même, pour om-

brager un peu toutes ces choses et pouvoir
dire plus librement ce que j'en jugeais,
sans être obligé de suivre ni de réfuter les
opinions qui sont reçues entre les doctes,
je me résolus de laisser tout ce monde ici
à leurs disputes, et de parler seulement de
ce qui arriverait dans un nouveau, si Dieu
créait maintenant quelque part, dans les
espaces imaginaires, assez de matière pour
le composer, et qu'il agitât diversement et
sans ordre les diverses parties de cette
matière, en sorte qu'il en composât un
chaos aussi confus que les poëtes en puissent feindre, et que par après il ne fît autre
chose que prêter son concours ordinaire à
la nature, et à laisser agir suivant les lois
qu'il a établies. Ainsi, premièrement, je
décrivis cette matière, et tâchai de la représenter telle qu'il n'y a rien au monde,
ce me semble, de plus clair ni plus intelligible, excepté ce qui a tantôt été dit de
Dieu et de l'âme; car même je supposai
expressément qu'il n'y avait en elle aucune
de ces formes ou qualités dont on dispute
dans les écoles, ni généralement aucune

chose dont la connaissance ne fût si naturelle à nos âmes qu'on ne pût pas même feindre de l'ignorer. De plus, je fis voir quelles étaient les lois de la nature ; et, sans appuyer mes raisons sur aucun autre principe que sur les perfections infinies de Dieu, je tâchai à démontrer toutes celles dont on eût pu avoir quelque doute, et à faire voir qu'elles sont telles qu'encore que Dieu aurait créé plusieurs mondes, il n'y en saurait avoir aucun où elles manquassent d'être observées. Après cela, je montrai comment la plus grande part de la matière de ce chaos devait, en suite de ces lois, se disposer et s'arranger d'une certaine façon qui la rendait semblable à nos cieux ; comment cependant quelques-unes de ses parties devaient composer une terre, et quelques-unes des planètes et des comètes, et quelques autres un soleil et des étoiles fixes. Et ici, m'étendant sur le sujet de la lumière, j'expliquai bien au long quelle était celle qui se devait trouver dans le soleil et les étoiles, et comment de là elle traversait en un instant les immenses espaces des cieux,

et comment elle se réfléchissait des planètes et des comètes vers la terre. J'y ajoutai aussi plusieurs choses touchant la substance, la situation, les mouvements et toutes les diverses qualités de ces cieux et de
ces astres; en sorte que je pensais en dire
assez pour faire connaître qu'il ne se remarque rien en ceux de ce monde qui ne
dût ou du moins qui ne pût paraître tout
semblable en ceux du monde que je décrivais. De là je vins à parler particulièrement
de la terre : comment, encore que j'eusse
expressément supposé que Dieu n'avait mis
aucune pesanteur en la matière dont elle
était composée, toutes ses parties ne lais-
saient pas de tendre exactement vers son
centre; comment y ayant de l'eau et de l'air
sur sa superficie, la disposition des cieux et
des astres, principalement de la lune, y devait causer un flux et reflux qui fût semblable en toutes ces circonstances à celui
qui se remarque dans nos mers, et outre
cela un certain cours tant de l'eau que de
l'air, du levant vers le couchant, tel qu'on
le remarque aussi entre les tropiques ; com-

ment les montagnes, les mers, les fontaines
et les rivières pouvaient naturellement s'y
former, et les métaux y venir dans les mi-
nes, et les plantes y croître dans les cam-
pagnes, et généralement tous les corps
qu'on nomme mêlés ou composés s'y engen-
drer : et, entre autres choses, à cause qu'a-
près les astres je ne connais rien au monde
que le feu qui produise de la lumière, je
m'étudiai à faire entendre bien clairement
tout ce qui appartient à sa nature, comment
il se fait, comment il se nourrit, comment
il n'a quelquefois que de la chaleur sans
lumière, et quelquefois que de la lumière
sans chaleur ; comment il peut introduire
diverses couleurs en divers corps, et diverses autres qualités ; comment il en fond
quelques-uns et en durcit d'autres ; comment il les peut consumer presque tous ou
convertir en cendres et en fumée ; et enfin
comment de ces cendres, par la seule vio-
lence de son action, il forme du verre :
car cette transmutation de cendres en verre
me semblant être aussi admirable qu'aucune autre qui se fasse en la nature, je

pris particulièrement plaisir à la décrire.

Toutefois je ne voulais pas inférer de
toutes ces choses que ce monde ait été créé
en la façon que je proposais, car il est bien
plus vraisemblable que, dès le commencement, Dieu l'a rendu tel qu'il devait être.
Mais il est certain, et c'est une opinion
communément reçue entre les théologiens,
que l'action par laquelle maintenant il le
conserve est toute la même que celle par
laquelle il l'a créé : de façon qu'encore qu'il
ne lui aurait point donné au commencement d'autre forme que celle du chaos,
pourvu qu'ayant établi les lois de la nature
il lui prêtât son concours pour agir ainsi
qu'elle a de coutume, on peut croire, sans
faire tort au miracle de la création, que par
cela seul toutes les choses qui sont purement matérielles auraient pu avec le temps
s'y rendre telles que nous les voyons à
present ; et leur nature est bien plus aisée
à concevoir lorsqu'on les voit naître peu à
peu en cette sorte que lorsqu'on ne les
considère que toutes faites.

De la description des corps inanimés et

des plantes je passai à celle des animaux,
et particulièrement à celle des hommes (1).
Mais pour ce que je n'en avais pas encore
assez de connaissance pour en parler du
même style que du reste, c'est-à-dire en
démontrant les effets par les causes, et faisant voir de quelles semences et en quelle
façon la nature les doit produire, je me
contentai de supposer que Dieu forma le
corps d'un homme entièrement semblable
à l'un des nôtres, tant en la figure extérieure de ses membres qu'en la conforma-
tion intérieure de ses organes, sans le composer d'autre matière que de celle que j'a-
vais décrite, et sans mettre en lui au commencement aucune âme raisonnable, ni
aucune autre chose pour y servir d'âme
végétante ou sensitive, sinon qu'il excitât
en son cœur un de ces feux sans lumière
que j'avais déjà expliqués, et que je ne
concevais point d'autre nature que celui qui
échauffe le foin lorsqu'on l'a renfermé avant

(1) Voyez les *Traités de l'Homme* et de *la
Formation du fœtus.*

qu'il fût sec, ou qui fait bouillir les vins
nouveaux lorsqu'on les laisse cuver sur la
râpe : car, examinant les fonctions qui pouvaient en suite de cela être en ce corps, j'y
trouvais exactement toutes celles qui peuvent être en nous sans que nous y pensions, ni par conséquent que notre âme,
c'est-à-dire cette partie distincte du corps
dont il a été dit ci-dessus que la nature
n'est que de penser, y contribue, et qui
sont toutes les mêmes, en quoi on peut dire
que les animaux sans raison nous ressem-
blent, sans que j'y en pusse pour cela
trouver aucune de celles qui, étant dépen-
dantes de la pensée, sont les seules qui
nous appartiennent en tant qu'hommes : au
lieu que je les y trouvais toutes par après,
ayant supposé que Dieu créât une âme raisonnable, et qu'il la joignît à ce corps en
certaine façon que je décrivais (1).

Mais afin qu'on puisse voir en quelle sorte
j'y traitais cette matière, je veux mettre ici
l'explication du mouvement du cœur et des

(1) Voyez le *Traité de l'Homme.*

artères, qui étant le premier et le plus général qu'on observe dans les animaux, on
jugera facilement de lui ce qu'on doit penser de tous les autres ; et, afin qu'on ait
moins de difficulté à entendre ce que j'en
dirai, je voudrais que ceux qui ne sont point
versés en l'anatomie prissent la peine,
avant que de lire ceci, de faire couper devant eux le cœur de quelque grand animal
qui ait des poumons, car il est en tout assez
semblable à celui de l'homme, et qu'ils se
fissent montrer les deux chambres ou concavités qui y sont : premièrement, celle qui
est dans son côté droit, à laquelle répondent deux tuyaux fort larges, à savoir : la
veine cave, qui est le principal réceptacle
du sang, et comme le tronc de l'arbre dont
toutes les autres veines du corps sont les
branches ; et la veine artérieuse, qui a été
ainsi mal nommée, pour ce que c'est en effet une artère, laquelle, prenant son origine du cœur, se divise, après en être
sortie, en plusieurs branches qui vont se
répandre partout dans les poumons ; puis
celle qui est dans son côté gauche, à la-

quelle répondent en même façon deux
tuyaux qui sont autant ou plus larges que
les précédents, à savoir : l'artère veineuse,
qui a été aussi mal nommée, à cause qu'elle
n'est autre chose qu'une veine, laquelle
vient des poumons, où elle est divisée en
plusieurs branches entrelacées avec celles
de la veine artérieuse ; et celles de ce conduit
qu'on nomme le sifflet, par où entre l'air
de la respiration ; et la grande artère qui,
sortant du cœur, envoie ses branches par
tout le corps. Je voudrais aussi qu'on leur
montrât soigneusement les onze petites
peaux qui, comme autant de petites portes,
ouvrent et ferment les quatre ouvertures
qui sont en ces deux concavités, à savoir :
trois à l'entrée de la veine cave, où elles
sont tellement disposées qu'elles ne peuvent
aucunement empêcher que le sang qu'elle
contient ne coule dans la concavité droite
du cœur, et toutefois empêchent exactement qu'il n'en puisse sortir ; trois à l'entrée de la veine artérieuse, qui, étant disposées tout au contraire, permettent bien
au sang qui est dans cette concavité de

passer dans les poumons, mais non pas à celui qui est dans les poumons d'y retourner ; et ainsi deux autres à l'entrée de l'artère veineuse, qui laissent couler le sang des poumons vers la concavité gauche du cœur, mais s'opposent à son retour ; et trois à l'entrée de la grande artère, qui lui permettent de sortir du cœur, mais l'empêchent d'y retourner : et il n'est pas besoin de chercher d'autre raison du nombre de ces peaux, sinon que l'ouverture de l'artère veineuse étant en ovale, à cause du lieu où elle se rencontre, peut être commodément fermée avec deux, au lieu que les autres étant rondes le peuvent mieux être avec trois. De plus, je voudrais qu'on leur fît considérer que la grande artère et la veine artérieuse sont d'une composition beaucoup plus dure et plus ferme que ne sont l'artère veineuse et la veine cave, et que ces deux dernières s'élargissent avant que d'entrer dans le cœur, et y font comme deux bourses, nommées les oreilles du cœur qui sont composées d'une chair semblable à la sienne ; et qu'il y a toujours plus de chaleur dans le cœur qu'en un autre endroit du corps; et enfin que cette chaleur est capable de faire que s'il entre quelque goutte de sang en ses concavités, elle s'enfle promptement et se dilate, ainsi que font généralement toutes les liqueurs lorsqu'on les laisse tomber goutte à goutte en quelque vaisseau qui est fort chaud.

Car, après cela, je n'ai besoin de dire autre chose pour expliquer le mouvement du cœur, sinon que lorsque ses concavités ne sont pas pleines de sang, il y en coule nécessairement de la veine cave dans la droite et de l'artère veineuse dans la gauche, d'autant que ces deux vaisseaux en sont toujours pleins, et que leurs ouvertures, qui regardent vers le cœur, ne peuvent alors être bouchées; mais que sitôt qu'il est entré ainsi deux gouttes de sang, une en chacune de ses concavités, ces gouttes, qui ne peuvent être que fort grosses, à cause que les ouvertures par où elles entrent sont fort larges et les vaisseaux d'où elles viennent fort pleins de sang, se raréfient et se dilatent à cause de la chaleur qu'elles y trou-

vent; au moyen de quoi, faisant enfler tout
le cœur, elles poussent et ferment les cinq
petites portes qui sont aux entrées des deux
vaisseaux d'où elles viennent, empêchant
ainsi qu'il ne descende davantage de sang
dans le cœur, et continuant à se raréfier
de plus en plus, elles poussent et ouvrent
les six autres petites portes qui sont aux
entrées des deux autres vaisseaux par où
elles sortent, faisant enfler par ce moyen
toutes les branches de la veine artérieuse et
de la grande artère, quasi au même instant
que le cœur, lequel incontinent après se dé-
senfle, comme font aussi ces artères, à
cause que le sang qui y est entré s'y refroi-
dit; et leurs six petites portes se re-
ferment, et les cinq de la veine cave et de
l'artère veineuse se rouvrent, et donnent
passage à deux autres gouttes de sang qui
font derechef enfler le cœur et les artères,
tout de même que les précédentes; et pour
ce que le sang qui entre ainsi dans le cœur
passe par ces deux bourses qu'on nomme
ses oreilles, de là vient que leur mouvement
est contraire au sien, et qu'elles se désen-

flent lorsqu'il s'enfle. Au reste, afin que ceux qui ne connaissent pas la force des démonstrations mathématiques, et ne sont pas accoutumés à distinguer les vraies raisons des vraisemblables, ne se hasardent pas de nier ceci sans l'examiner, je les veux avertir que ce mouvement que je viens d'expliquer suit aussi nécessairement de la seule disposition des organes qu'on peut voir à l'œil dans le cœur, et de la chaleur qu'on y peut sentir avec les doigts, et de la nature du sang qu'on peut connaître par expérience, que fait celui d'une horloge, de la force, de la situation et de la figure de ses contre-poids et de ses roues.

Mais si on demande comment le sang des veines ne s'épuise point en coulant ainsi continuellement dans le cœur, et comment les artères n'en sont point trop remplies, puisque tout celui qui passe par le cœur s'y va rendre, je n'ai pas besoin d'y répondre autre chose que ce qui a déjà été écrit par un médecin d'Angleterre, auquel il faut donner la louange d'avoir rompu la glace en cet endroit, et d'être le premier qui a en-

seigné qu'il y a plusieurs petits passages
aux extrémités des artères, par où le sang
qu'elles reçoivent du cœur entre dans les
petites branches des veines, d'où il va se
rendre derechef vers le cœur ; en sorte que
son cours n'est autre chose qu'une circu-
lation perpétuelle. Ce qu'il prouve fort bien
par l'expérience ordinaire des chirurgiens
qui, ayant lié le bras médiocrement fort
au-dessus de l'endroit où ils ouvrent la
veine, font que le sang en sort plus abon-
damment que s'ils ne l'avaient point
lié ; et il arriverait tout le contraire s'ils
le liaient au-dessous entre la main et l'ouverture, ou bien qu'ils le liassent très-
fort au-dessus : car il est manifeste que le
lien, médiocrement serré, pouvant empêcher que le sang qui est déjà dans le bras
ne retourne vers le cœur par les veines,
n'empêche pas pour cela qu'il n'y en vienne
toujours de nouveau par les artères, à
cause qu'elles sont situées au-dessous des
veines, et que leurs peaux, étant plus dures,
sont moins aisées à presser, et aussi que le
sang qui vient du cœur tend avec plus de

force à passer par elles vers la main qu'il
ne fait à retourner de là vers le cœur par
les veines ; et puisque ce sang sort du bras
par l'ouverture qui est en l'une des veines,
il doit nécessairement y avoir quelques passages au-dessous du lien, c'est-à-dire vers
les extrémités du bras, par où il y puisse
venir des artères. Il prouve aussi fort bien
ce qu'il dit du cours du sang, par certaines
petites peaux qui sont tellement disposées
en divers lieux le long des veines, qu'elles
ne lui permettent point d'y passer du milieu du corps vers les extrémités, mais
seulement de retourner des extrémités vers
le cœur ; et de plus par l'expérience qui
montre que tout celui qui est dans le corps
en peut sortir en fort peu de temps par une
seule artère lorsqu'elle est coupée, encore
même qu'elle fût étroitement liée, fort pro-
che du cœur, et coupée entre lui et le lien,
en sorte qu'on n'eût aucun sujet d'imaginer que le sang qui en sortirait vînt d'ailleurs.

Mais il y a plusieurs autres choses qui
témoignent que la vraie cause de ce mou-

vement du sang est celle que j'ai dite :
comme, premièrement, la différence qu'on
remarque entre celui qui sort des veines
et celui qui sort des artères ne peut procé-
der que de ce qu'étant raréfié et comme
distillé en passant par le cœur, il est plus
subtil et plus vif, et plus chaud incontinent
après en être sorti, c'est-à-dire étant dans
les artères, qu'il n'est un peu devant que
d'y entrer, c'est-à-dire étant dans les veines;
et si on y prend garde, on trouvera que
cette différence ne paraît bien que vers le
cœur et non point tant aux lieux qui en
sont les plus éloignés. Puis la dureté des
peaux dont la veine artérieuse et la grande
artère sont composées montre assez que le
sang bat contre elles avec plus de force que
contre les veines; et pourquoi la concavité
gauche du cœur et la grande artère se-
raient-elles plus amples et plus larges que
la concavité droite et la veine artérieuse,
si ce n'était que le sang de l'artère veineuse n'ayant été que dans les poumons
depuis qu'il a passé par le cœur, est plus
subtil et se raréfie plus fort et plus aisé-

ment que celui qui vient immédiatement de
la veine cave? et qu'est-ce que les méde-
cins peuvent deviner en tâtant le pouls,
s'ils ne savent que, selon que le sang change
de nature, il peut être raréfié par la chaleur du cœur plus ou moins fort et plus ou
moins vite qu'auparavant? et si on examine comment cette chaleur se communi-
que aux autres membres, ne faut-il pas
avouer que c'est par le moyen du sang qui,
passant par le cœur, s'y réchauffe et se ré-
pand de là par tout le corps; d'où vient
que si on ôte le sang de quelque partie, on
en ôte par le même moyen la chaleur; et
encore que le cœur fût aussi ardent qu'un
fer embrasé, il ne suffirait pas pour ré-
chauffer les pieds et les mains tant qu'il
fait s'il n'y envoyait continuellement de
nouveau sang. Puis aussi on connaît de là
que le vrai usage de la respiration est d'apporter assez d'air frais dans le poumon
pour faire que le sang qui y vient de la
concavité droite du cœur, où il a été raréfié et comme changé en vapeurs, s'y épais-
sisse et convertisse en sang derechef, avant

que de retomber dans la gauche, sans quoi
il ne pourrait être propre à servir de nour-
riture au feu qui y est; ce qui se confirme
parce qu'on voit que les animaux qui n'ont
point de poumons n'ont aussi qu'une seule
concavité dans le cœur, et que les enfants,
qui n'en peuvent user pendant qu'ils sont
renfermés au ventre de leurs mères, ont
une ouverture par où il coule du sang de
la veine cave en la concavité gauche du
cœur, et un conduit par où il en vient
de la veine artérieuse en la grande artère
sans passer par le poumon. Puis la
coction, comment se ferait-elle en l'esto-
mac si le cœur n'y envoyait de la
chaleur par les artères, et avec cela
quelques-unes des plus coulantes parties du
sang qui aident à dissoudre les viandes
qu'on y a mises? et l'action qui convertit
e suc de ces viandes en sang n'est-elle
pas aisée à connaître si on considère qu'il
se distille en passant et repassant par le
cœur peut-être plus de cent ou deux cents
fois en chaque jour? et qu'a-t-on besoin
d'autre chose pour expliquer la nutri-

tion et la production des diverses humeurs qui sont dans le corps, sinon de
dire que la force dont le sang en se raré-
fiant passe du cœur vers les extrémités des
artères, fait que quelques-unes de ses parties s'arrêtent entre celles des membres où
elles se trouvent, et y prennent la place de
quelques autres qu'elles en chassent, et
que, selon la situation, ou la figure, ou la
petitesse des pores qu'elles rencontrent, les
unes se vont rendre en certains lieux plutôt que les autres, en même façon que chacun peut avoir vu divers cribles qui, étant
diversement percés, servent à séparer divers grains les uns des autres? et enfin, ce
qu'il y a de plus remarquable en tout ceci,
c'est la génération des esprits animaux, qui
sont comme un vent très-subtil, ou plutôt
comme une flamme très-pure et très-vive,
qui, montant continuellement en grande
abondance du cœur dans le cerveau, se va
rendre de là par les nerfs dans les muscles
et donne le mouvement à tous les membres,
sans qu'il faille imaginer d'autre cause qui
fasse que les parties du sang qui, étant les

plus agitées et les plus pénétrantes, sont les plus propres à composer ces esprits, se vont rendre plutôt vers le cerveau que vers ailleurs, sinon que les artères qui les y portent sont celles qui viennent du cœur le plus en ligne droite de toutes, et que, selon les règles des mécaniques, qui sont les mêmes que celles de la nature, lorsque plusieurs choses tendent ensemble à se mouvoir vers un même côté où il n'y a pas assez de place pour toutes, ainsi que les parties du sang qui sortent de la concavité gauche du cœur tendent vers le cerveau, les plus faibles et moins agitées en doivent être détournées par les plus fortes qui, par ce moyen, s'y vont rendre seules.

J'avais expliqué assez particulièrement toutes ces choses dans le traité que j'avais eu ci-devant dessein de publier. Et ensuite j'y avais montré quelle doit être la fabrique des nerfs et des muscles du corps humain pour faire que les esprits animaux étant dedans aient la force de mouvoir ses membres, ainsi qu'on voit que les têtes, un peu après avoir été coupées, se remuent encore

et mordent la terre, nonobstant qu'elles ne
soient plus animées; quels changements se
doivent faire dans le cerveau pour causer
la veille, et le sommeil, et les songes; comment la lumière, les sons, les odeurs, les
goûts, la chaleur, et toutes les autres qualités des objets extérieurs, y peuvent imprimer diverses idées par l'entremise des
sens; comment la faim, la soif, et les autres passions intérieures y peuvent aussi
envoyer les leurs; ce qui doit y être pris
par le sens commun où ces idées sont reçues, pour la mémoire qui les conserve, et
pour la fantaisie qui les peut diversement
changer et en composer de nouvelles, et,
par même moyen, distribuant les esprits
animaux dans les muscles, faire mouvoir
les membres de ce corps en autant de diverses façons, et autant à propos des objets qui se présentent à ses sens et des passions intérieures qui sont en lui, que les
nôtres se puissent mouvoir sans que la volonté les conduise : ce qui ne semblera
nullement étrange à ceux qui, sachant combien de divers *automates*, ou machines mou-

vantes, l'industrie des hommes peut faire, sans y employer que fort peu de pièces, à comparaison de la grande multitude des os, des muscles, des nerfs, des artères, des veines, et de toutes les autres parties qui sont dans le corps de chaque animal, considéreront ce corps comme une machine qui, ayant été faite des mains de Dieu, est incomparablement mieux ordonnée et a en soi des mouvements plus admirables qu'aucune de celles qui peuvent être inventées par les hommes. Et je m'étais ici particulièrement arrêté à faire voir que s'il y avait de telles machines qui eussent les organes et la figure extérieure d'un singe ou de quelque autre animal sans raison, nous n'aurions aucun moyen pour reconnaître qu'elles ne seraient pas en tout de même nature que ces animaux ; au lieu que s'il y en avait qui eussent la ressemblance de nos corps, et imitassent autant nos actions que moralement il serait possible, nous aurions toujours deux moyens très-certains pour reconnaître qu'elles ne seraient point pour cela de vrais hommes :

dont le premier est que jamais elles ne
pourraient user de paroles ni d'autres signes en les composant, comme nous faisons pour déclarer aux autres nos pensées :
car on peut bien concevoir qu'une machine
soit tellement faite qu'elle profère des paroles, et même qu'elle en profère quelques-
unes à propos des actions corporelles qui
causeront quelque changement en ses organes, comme si on la touche en quelque
endroit, qu'elle demande ce qu'on lui veut
dire ; si en un autre, qu'elle crie qu'on lui
fait mal, et choses semblables ; mais non
pas qu'elle les arrange diversement pour
répondre au sens de tout ce qui se dira en sa
présence, ainsi que les hommes les plus hébétés peuvent faire ; et le second est que, bien
qu'elles fissent plusieurs choses aussi bien
ou peut-être mieux qu'aucun de nous, elles
manqueraient infailliblement en quelques
autres, par lesquelles on découvrirait qu'elles
n'agiraient pas par connaissance, mais seulement par la disposition de leurs organes :
car, au lieu que la raison est un instrument
universel qui peut servir en toutes sortes

de rencontres, ces organes ont besoin de quelque particulière disposition pour chaque action particulière ; d'où vient qu'il est moralement impossible qu'il y en ait assez de divers en une machine pour la faire agir en toutes les occurrences de la vie de même façon que notre raison nous fait agir. Or, par ces deux mêmes moyens, on peut aussi connaître la différence qui est entre les hommes et les bêtes. Car c'est une chose bien remarquable qu'il n'y a point d'hommes si hébétés et si stupides, sans en excepter même les insensés, qu'ils ne soient capables d'arranger ensemble diverses paroles, et d'en composer un discours par lequel ils fassent entendre leurs pensées ; et qu'au contraire il n'y a point d'autre animal, tant parfait et tant heureusement né qu'il puisse être, qui fasse le semblable. Ce qui n'arrive pas de ce qu'ils ont faute d'organes : car on voit que les pies et les perroquets peuvent proférer des paroles ainsi que nous, et toutefois ne peuvent parler ainsi que nous, c'est-à-dire en témoignant qu'ils pensent ce qu'ils disent ; au lieu que

les hommes qui, étant nés sourds et muets,
sont privés des organes qui servent aux autres pour parler, autant ou plus que les bêtes, ont coutume d'inventer d'eux-mêmes
quelques signes par lesquels ils se font entendre à ceux qui, étant ordinairement avec
eux, ont loisir d'apprendre leur langue. Et
ceci ne témoigne pas seulement que les bêtes ont moins de raison que les hommes,
mais qu'elles n'en ont point du tout, car on
voit qu'il n'en faut que fort peu pour savoir parler ; et d'autant qu'on remarque de
l'inégalité entre les animaux d'une même
espèce aussi bien qu'entre les hommes, et
que les uns sont plus aisés à dresser que
les autres, il n'est pas croyable qu'un singe
ou un perroquet qui serait des plus parfaits
de son espèce n'égalât en cela un enfant des
plus stupides, ou du moins un enfant qui
aurait le cerveau troublé, si leur âme n'était
d'une nature toute différente de la nôtre.
Et on ne doit pas confondre les paroles
avec les mouvements naturels qui témoignent les passions, et peuvent être imités
par des machines aussi bien que par les ani-

maux ; ni penser, comme quelques anciens, que les bêtes parlent, bien que nous n'entendions pas leur langage. Car, s'il était vrai, puisqu'elles ont plusieurs organes qui se rapportent aux nôtres, elles pourraient aussi bien se faire entendre à nous qu'à leurs semblables. C'est aussi une chose fort remarquable que, bien qu'il y ait plusieurs animaux qui témoignent plus d'industrie que nous en quelques-unes de leurs actions, on voit toutefois que les mêmes n'en témoignent point du tout en beaucoup d'autres : de façon que ce qu'ils font mieux que nous ne prouve pas qu'ils ont de l'esprit, car à ce compte ils en auraient plus qu'aucun de nous, et feraient mieux en toute autre chose ; mais plutôt qu'ils n'en ont point, et que c'est la nature qui agit en eux selon la disposition de leurs organes : ainsi qu'on voit qu'une horloge, qui n'est composée que de roues et de ressorts, peut compter les heures et mesurer le temps plus justement que nous avec toute notre prudence.

J'avais décrit après cela l'âme raisonnable, et fait voir qu'elle ne peut aucunement être tirée de la puissance de la matière, ainsi que les autres choses dont j'avais parlé, mais qu'elle doit expressément être créée, et comment il ne suffit pas qu'elle soit logée dans le corps humain, ainsi qu'un pilote en son navire, sinon peut-être pour mouvoir ses membres ; mais qu'il est besoin qu'elle soit jointe et unie plus étroitement avec lui, pour avoir outre cela des sentiments et des appétits semblables aux nôtres, et ainsi composer un vrai homme. Au reste, je me suis ici un peu étendu sur le sujet de l'âme, à cause qu'il est des plus importants : car, après l'erreur de ceux qui nient Dieu, laquelle je pense avoir ci-dessus assez réfutée, il n'y en a point qui éloigne plutôt les esprits faibles du droit chemin de la vertu que d'imaginer que l'âme des bêtes soit de même nature que la nôtre, et que par conséquent nous n'avons rien à craindre ni à espérer après cette vie, non plus que les mouches et les fourmis ; au lieu que lorsqu'on sait combien elles diffèrent, on comprend beaucoup mieux les rai-

sons qui prouvent que la nôtre est d'une
nature entièrement indépendante du corps,
et par conséquent qu'elle n'est point sujette
à mourir avec lui ; puis, d'autant qu'on ne
voit point d'autres causes qui la détruisent,
on est porté naturellement à juger de là
qu'elle est immortelle.

SIXIÈME PARTIE

—

Or, il y a maintenant trois ans que j'étais parvenu à la fin du traité qui contient toutes ces choses, et que je commençais à le revoir afin de le mettre entre les mains d'un imprimeur, lorsque j'appris que les personnes à qui jo défère, et dont l'autorité ne peut guère moins sur mes actions que ma propre raison sur mes pensées, avaient désapprouvé une opinion de physique publiée un peu auparavant par quelque autre, de laquelle je ne veux pas dire que je fusse, mais bien que je n'y avais rien remarqué avant leur censure que je pusse imaginer être préjudiciable ni à la religion ni à l'Etat, ni, par conséquent, qui m'eût empêché de l'écrire si la raison me l'eût persuadé ; et que cela me fît craindre qu'il ne s'en trouvât tout de même quelqu'une entre les miennes en laquelle je me fusse mépris nonobstant le grand soin que j'ai toujours eu de n'en point recevoir de nouvelles en ma créance dont je n'eusse des démonstrations très-certaines, et de n'en point écrire qui pussent tourner au désavantage de personne. Ce qui a été suffisant pour m'obliger à changer la résolution que j'avais eue de les publier ; car, encore que les raisons pour lesquelles je l'avais prise auparavant fussent très-fortes, mon inclination, qui m'a toujours fait haïr le métier de faire des livres, m'en fit incontinent trouver assez d'autres pour m'en excuser. Et ces raisons de part et d'autre sont telles, que non-seulement j'ai ici quelque intérêt de les dire, mais peut-être aussi que le public en a de les savoir.

Je n'ai jamais fait beaucoup d'état des choses qui venaient de mon esprit ; et pendant que je n'ai recueilli d'autres fruits de la méthode dont je me sers sinon que je me suis satisfait touchant quelques difficultés qui appartiennent aux sciences spéculatives, ou bien que j'ai tâché de régler mes mœurs par les raisons qu'elle m'enseignait, je n'ai point cru être obligé d'en rien écrire. Car,

pour ce qui touche les mœurs, chacun
abonde si fort en son sens, qu'il se pourrait trouver autant de réformateurs que de
têtes, s'il était permis à d'autres qu'à ceux
que Dieu a établis pour souverains sur ses
peuples, ou bien auxquels il a donné assez
de grâce et de zèle pour être prophètes,
d'entreprendre d'y rien changer; et, bien
que mes spéculations me plussent fort, j'ai
cru que les autres en avaient aussi qui leur
plaisaient peut être davantage. Mais sitôt
que j'ai eu acquis quelques notions générales touchant la physique, et que, commençant à les éprouver en diverses difficultés
particulières, j'ai remarqué jusques où elles
peuvent conduire et combien elles diffèrent
des principes dont on s'est servi jusqu'à
présent, j'ai cru que je ne pouvais les
tenir cachées sans pécher grandement
contre la loi qui nous oblige à procurer autant qu'il est en nous le bien général de
tous les hommes : car elles m'ont fait voir
qu'il est possible de parvenir à des connaissances qui soient fort utiles à la vie; et
qu'au lieu de cette philosophie spéculative

qu'on enseigne dans les écoles, on en peut
trouver une pratique, par laquelle, connais-
sant la force et les actions du feu, de l'eau,
de l'air, des astres, des cieux et de tous les
autres corps qui nous environnent, aussi
distinctement que nous connaissons les divers métiers de nos artisans, nous les pour-
rions employer en même façon à tous les
usages auxquels ils sont propres, et ainsi
nous rendre comme maîtres et possesseurs
de la nature. Ce qui n'est pas seulement à
désirer pour l'invention d'une infinité d'ar-
tifices qui feraient qu'on jouirait sans aucune peine des fruits de la terre et de toutes les commodités qui s'y trouvent, mais
principalement aussi pour la conservation
de la santé, laquelle est sans doute le premier bien et le fondement de tous les autres biens de cette vie; car même l'esprit
dépend si fort du tempérament et de la disposition des organes du corps, que, s'il est
possible de trouver quelque moyen qui
rende communément les hommes plus sages et plus habiles qu'ils n'ont été jusqu'ici,
je crois que c'est dans la médecine qu'on

doit le chercher. Il est vrai que celle qui
est maintenant en usage contient peu de
choses dont l'utilité soit si remarquable;
mais, sans que j'aie aucun dessein de la
mépriser, je m'assure qu'il n'y a personne, même de ceux qui en font profession, qui n'avoue que tout ce qu'on
y sait n'est presque rien à comparaison
de ce qui reste à y savoir; et qu'on se
pourrait exempter d'une infinité de mala-
dies tant du corps que de l'esprit, et même
aussi peut-être de l'affaiblissement de la
vieillesse, si on avait assez de connaissance
de leurs causes et de tous les remèdes dont
la nature nous a pourvus. Or, ayant dessein
d'employer toute ma vie à la recherche
d'une science si nécessaire, et ayant rencontré un chemin qui me semble tel qu'on
doit infailliblement la trouver en le suivant,
si ce n'est qu'on en soit empêché ou par la
brièveté de la vie ou par le défaut des expériences, je jugeais qu'il n'y avait point
de meilleur remède contre ces deux empê-
chements que de communiquer fidèlement
au public tout le peu que j'aurais trouvé,

et de convier les bons esprits à tâcher de
passer plus outre, en contribuant, chacun
selon son inclination et son pouvoir, aux
expériences qu'il faudrait faire, et commu-
niquant aussi au public toutes les choses
qu'ils apprendraient, afin que les derniers
commençant où les précédents auraient
achevé, et ainsi joignant les vies et les travaux de plusieurs, nous allassions tous ensemble beaucoup plus loin que chacun en
particulier ne saurait faire.

Même je remarquais, touchant les expériences, qu'elles sont d'autant plus nécessaires qu'on est plus avancé en connaissance :
car, pour le commencement, il vaut mieux
ne se servir que de celles qui se présentent d'elles-mêmes à nos sens, et que nous
ne saurions ignorer, pourvu que nous y
fassions tant soit peu de réflexion, que d'en
chercher de plus rares et étudiées; dont la
raison est que ces plus rares trompent souvent, lorsqu'on ne sait pas encore les causes les plus communes, et que les circonstances dont elles dépendent sont quasi toujours si particulières et si pe ites, qu'il est

très-malaisé de les remarquer. Mais l'ordre
que j'ai tenu en ceci a été tel : premièrement j'ai tâché de trouver en général les
principes ou premières causes de tout ce qui
est ou qui peut être dans le monde, sans rien
considérer pour cet effet que Dieu seul qui l'a
créé, ni les tirer d'ailleurs que de certaines
semences de vérités qui sont naturellement
en nos âmes. Après cela, j'ai examiné quels
étaient les premiers et les plus ordinaires
effets qu'on pouvait déduire de ces causes ;
et il me semble que par là j'ai trouvé des
cieux, des astres, une terre, et même sur
la terre de l'eau, de l'air, du feu, des miné-
raux et quelques autres telles choses qui
sont les plus communes de toutes et les
plus simples, et par conséquent les plus
aisées à connaître. Puis, lorsque j'ai voulu
descendre à celles qui étaient plus particulières, il s'en est tant présenté à moi de
diverses, que je n'ai pas cru qu'il fût possible à l'esprit humain de distinguer les
formes ou espèces de corps qui sont sur la
terre d'une infinité d'autres qui pourraient
y être si c'eût été le vouloir de Dieu de les

y mettre, ni par conséquent de les rap-
porter à notre usage, si ce n'est qu'on
vienne au-devant des causes par les effets,
et qu'on se serve de plusieurs expériences
particulières. En suite de quoi, repassant
mon esprit sur tous les objets qui s'étaient
jamais présentés à mes sens, j'ose bien dire
que je n'y ai remarqué aucune chose que
je ne pusse assez commodément expliquer
par les principes que j'avais trouvés. Mais
il faut aussi que j'avoue que la puissance de
la nature est si ample et si vaste, et que ces
principes sont si simples et si généraux,
que je ne remarque quasi plus aucun effet
particulier que d'abord je ne connaisse
qu'il peut en être déduit en plusieurs diverses façons, et que ma plus grande difficulté est d'ordinaire de trouver en laquelle
de ces façons il en dépend ; car à cela je ne
sais point d'autre expédient que de chercher derechef quelques expériences qui
soient telles que leur événement ne soit pas
le même si c'est en l'une de ces façons qu'on
doit l'expliquer que si c'est en l'autre. Au
reste, j'en suis maintenant là, que je vois.

ce me semble, assez bien de quel biais on se doit prendre à faire la plupart de celles qui peuvent servir à cet effet : mais je vois aussi qu'elles sont telles, et en si grand nombre, que ni mes mains ni mon revenu, bien que j'en eusse mille fois plus que je n'en ai, ne sauraient suffire pour toutes en sorte que, selon que j'aurai désormais la commodité d'en faire plus ou moins, j'avancerai aussi plus ou moins en la connaissance de la nature : ce que je me promettais de faire connaître par le traité que j'avais écrit, et d'y montrer si clairement l'utilité que le public en peut recevoir, que j'obligerais tous ceux qui désirent en général le bien des hommes, c'est-à-dire tous ceux qui sont en effet vertueux, et non point par faux semblant ni seulement par opinion, tant à me communiquer celles qu'ils ont déjà faites qu'à m'aider en la recherche de celles qui restent à faire.

Mais j'ai eu depuis ce temps-là d'autres raisons qui m'ont fait changer d'opinion, et penser que je devais véritablement continuer d'écrire toutes les choses que je ju-

gerais de quelque importance à mesure que
j'en découvrirais la vérité, et y apporter
le même soin que si je les voulais faire imprimer, tant enfin d'avoir d'autant plus
d'occasion de les bien examiner, comme
sans doute on regarde toujours de plus près
à ce qu'on croit devoir être vu par plusieurs qu'à ce qu'on ne fait que pour soi-
même (et souvent les choses qui m'ont sem-
blé vraies lorsque j'ai commencé à les
concevoir, m'ont paru fausses lorsque je
les ai voulu mettre sur le papier), qu'afin
de ne perdre aucune occasion de profiter au
public si j'en suis capable, et que si mes
écrits valent quelque chose, ceux qui les
auront après ma mort en puissent user ainsi
qu'il sera le plus à propos ; mais que je ne
devais aucunement consentir qu'ils fussent
publiés pendant ma vie, afin que ni les oppositions et controverses auxquelles ils seraient peut-être sujets, ni même la réputation telle quelle qu'ils me pourraient acquérir, ne me donnassent aucune occasion de perdre le temps que j'ai dessein
d'employer à m'instruire. Car, bien qu'il

soit vrai que chaque homme est obligé
de procurer autant qu'il est en lui le bien
des autres, et que c'est proprement ne
valoir rien que de n'être utile à personne,
toutefois il est vrai aussi que nos soins se
doivent étendre plus loin que le temps présent, et qu'il est bon d'omettre les choses
qui apporteraient peut-être quelque profit à
ceux qui vivent, lorsque c'est à dessein
d'en faire d'autres qui en apportent davantage à nos neveux. Comme en effet je veux
bien qu'on sache que le peu que j'ai appris
jusqu'ici n'est presque rien à comparaison
de ce que j'ignore et que je ne désespère
pas de pouvoir apprendre : car c'est quasi
le même de ceux qui découvrent peu à peu
la vérité dans les sciences, que de ceux qui,
commençant à devenir riches, ont moins de
peine à faire de grandes acquisitions, qu'ils
n'ont eu auparavant, étant plus pauvres, à
en faire de beaucoup moindres. Ou bien
on peut les comparer aux chefs d'armée,
dont les forces ont coutume de croître
à proportion de leurs victoires, et qui
ont besoin de plus de conduite pour se

maintenir après la perte d'une bataille qu'ils n'ont, après l'avoir gagnée, à prendre des villes et des provinces. Car c'est véritablement donner des batailles que de tâcher à vaincre toutes les difficultés et les erreurs qui nous empêchent de parvenir à la connaissance de la vérité, et c'est en perdre une que de recevoir quelque fausse opinion touchant une matière un peu générale et importante; il faut, après, beaucoup plus d'adresse pour se remettre au même état qu'on était auparavant, qu'il ne faut à faire de grands progrès lorsqu'on a déjà des principes qui sont assurés. Pour moi, si j'ai ci-devant trouvé quelques vérités dans les sciences (et j'espère que les choses qui sont contenues en ce volume feront juger que j'en ai trouvé quelques-unes), je puis dire que ce ne sont que des suites et des dépendances de cinq ou six principales difficultés que j'ai surmontées, et que je compte pour autant de batailles où j'ai eu l'heur de mon côté. Même, je ne craindrai pas de dire que je pense n'avoir plus besoin d'en gagner que deux ou trois autres semblables pour venir entièrement à bout de mes desseins ; et que mon âge n'est point si avancé que, selon le cours ordinaire de la nature, je ne puisse encore avoir assez de loisir pour cet effet. Mais je crois être d'autant plus obligé à ménager le temps qui me reste que j'ai plus d'espérance de le pouvoir bien employer ; et j'aurais sans doute plusieurs occasions de le perdre, si je publiais les fondements de ma physique : car, encore qu'ils soient presque tous si évidents qu'il ne faut que les entendre pour les croire, et qu'il n'y en ait aucun dont je ne pense pouvoir donner des démonstrations, toutefois, à cause qu'il est impossible qu'ils soient accordants avec toutes les diverses opinions des autres hommes, je prévois que je serais souvent diverti par les oppositions qu'ils feraient naître.

On peut dire que ces oppositions seraient utiles, tant afin de me faire connaître mes fautes qu'afin que, si j'avais quelque chose de bon, les autres en eussent par ce moyen plus d'intelligence, et que,

comme plusieurs peuvent plus voir qu'un
homme seul, commençant dès maintenant à
s'en servir, ils m'aidassent aussi de leurs
inventions. Mais encore que je me recon-
naisse extrêmement sujet à faillir, et que je
ne me fie quasi jamais aux premières pensées qui me viennent, toutefois l'expérience
que j'ai des objections qu'on me peut faire
m'empêche d'en espérer aucun profit ; car
j'ai déjà souvent éprouvé les jugements
tant de ceux que j'ai tenus pour mes amis
que de quelques autres à qui je pensais être
indifférent, et même aussi de quelques-uns
dont je savais que la malignité et l'envie
tâcheraient assez à découvrir ce que l'affection cacherait à mes amis; mais il est
rarement arrivé qu'on m'ait objecté quelque chose que je n'eusse point du tout
prévue, si ce n'est qu'elle fût fort éloignée
de mon sujet : en sorte que je n'ai quasi jamais rencontré aucun censeur de mes opinions qui ne me semblât ou moins rigoureux
ou moins équitable que moi-même. Et je
n'ai remarqué non plus que par le moyen
des disputes qui se pratiquent dans les éco-

les on n'ait découvert aucune vérité qu'on ignorât auparavant; car pendant que chacun tâche de vaincre, on s'exerce bien plus à faire valoir la vraisemblance qu'à peser les raisons de part et d'autre; et ceux qui ont été longtemps bons avocats ne sont pas pour cela par après meilleurs juges.

Pour l'utilité que les autres recevraient de la communication de mes pensées, elle ne pourrait aussi être fort grande; d'autant que je ne les ai point encore conduites si loin qu'il ne soit besoin d'y ajouter beaucoup de choses avant que de les appliquer à l'usage. Et je pense pouvoir dire sans vanité que s'il y a quelqu'un qui en soit capable, ce doit être plutôt moi qu'aucun autre : non pas qu'il ne puisse y avoir au monde plusieurs esprits incomparablement meilleurs que le mien, mais pour ce qu'on ne saurait si bien concevoir une chose et la rendre sienne, lorsqu'on l'apprend de quelque autre, que lorsqu'on l'invente soi-même. Ce qui est si véritable en cette matière, que bien que j'aie souvent expliqué quelques-unes de mes opinions à des per-

sonnes de très bon esprit, et qui, pendant
que je leur parlais, semblaient les entendre fort distinctement, toutefois lorsqu'ils les ont redites, j'ai remarqué qu'ils
les ont changées presque toujours en
telle sorte que je ne les pouvais plus avouer
pour miennes. A l'occasion de quoi je suis
bien aise de prier ici nos neveux de ne
croire jamais que les choses qu'on leur dira
viennent de moi lorsque je ne les aurai
point moi-même divulguées ; et je ne m'é-
tonne aucunement des extravagances qu'on
attribue à tous ces anciens philosophes dont
nous n'avons point les écrits, ni ne juge pas
pour cela que leurs pensées aient été fort
déraisonnables, vu qu'ils étaient des meilleurs esprits de leurs temps, mais seulement qu'on nous les a mal rapportées.
Comme on voit aussi que presque jamais il
n'est arrivé qu'aucun de leurs sectateurs les
ait surpassés ; et je m'assure que les plus
passionnés de ceux qui suivent maintenant
Aristote se croiraient heureux s'ils avaient
autant de connaissance de la nature qu'il en
a eu, encore même que ce fût à condition

qu'ils n'en auraient jamais davantage. Ils
sont comme le lierre, qui ne tend point à
monter plus haut que les arbres qui le sou-
tiennent, et même souvent qui redescend
après qu'il est parvenu jusques à leur faîte ;
car il me semble aussi que ceux-là redes-
cendent, c'est-à-dire se rendent en quelque
façon moins savants que s'ils s'abstenaient
d'étudier, lesquels, non contents de savoir
tout ce qui est intelligiblement expliqué
dans leur auteur, veulent outre cela y trouver la solution de plusieurs difficultés dont
il ne dit rien, et auxquelles il n'a peut-être
jamais pensé. Toutefois leur façon de phi-
losopher est fort commode pour ceux qui
n'ont que des esprits fort médiocres ; car
l'obscurité des distinctions et des principes
dont ils se servent est cause qu'ils peuvent
parler de toutes choses aussi hardiment que
s'ils les savaient, et soutenir tout ce qu'ils
en disent contre les plus subtils et les plus
habiles, sans qu'on ait moyen de les con-
vaincre : en quoi ils me semblent pareils à
un aveugle qui, pour se battre sans désavantage contre un qui voit, l'aurait fait ve-

nir dans le fond de quelque cave fort obs-
cure : et je puis dire que ceux-ci ont intérêt
que je m'abstienne de publier les principes
de la philosophie dont je me sers ; car,
étant très-simples et très-évidents, comme
ils sont, je ferais quasi le même en les pu-
bliant que si j'ouvrais quelques fenêtres et
faisais entrer du jour dans cette cave où ils
sont descendus pour se battre. Mais même
les meilleurs esprits n'ont pas occasion de
souhaiter de les connaître ; car, s'ils veulent
savoir parler de toutes choses et acquérir la
réputation d'être doctes, ils y parviendront
plus aisément en se contentant de la vraisemblance, qui peut être trouvée sans
grande peine en toutes sortes de matières,
qu'en cherchant la vérité, qui ne se découvre que peu à peu en quelques-unes, et
qui, lorsqu'il est question de parler des
autres, oblige à confesser franchement qu'on
les ignore. Que s'ils préfèrent la connaissance de quelque peu de vérité à la vanité
de paraître n'ignorer rien, comme sans
doute elle est bien préférable, et qu'ils veulent suivre un dessein semblable au mien,

ils n'ont pas besoin pour cela que je leur dise rien davantage que ce que j'ai déjà dit en ce discours; car s'ils sont capables de passer plus outre que je n'ai fait, ils le seront aussi, à plus forte raison, de trouver d'eux-mêmes tout ce que je pense avoir trouvé; d'autant que, n'ayant jamais rien examiné que par ordre, il est certain que ce qui me reste encore à découvrir est de soi plus difficile et plus caché que ce que j'ai pu ci-devant rencontrer ; et ils auraient bien moins de plaisir à l'apprendre de moi que d'eux-mêmes : outre que l'habitude qu'ils acquerront, en cherchant premièrement des choses faciles, et passant peu à peu par degrés à d'autres plus difficiles, leur servira plus que toutes mes instructions ne sauraient faire. Comme pour moi je me persuade que si on m'eût enseigné dès ma jeunesse toutes les vérités dont j'ai cherché depuis les démonstrations, et que je n'eusse eu aucune peine à les apprendre, je n'en aurais peut-être jamais su aucunes autres, et du moins que jamais je n'aurais acquis l'habitude et la facilité que je pense avoir d'en trouver toujours de nouvelles à mesure que je m'applique à les chercher. Et en un mot, s'il y a au monde quelque ouvrage qui ne puisse être si bien achevé par aucun autre que par le même qui l'a commencé, c'est celui auquel je travaille.

Il est vrai que, pour ce qui est des expériences qui peuvent y servir, un homme seul ne saurait suffire à les faire toutes : mais il n'y saurait aussi employer utilement d'autres mains que les siennes, sinon celle des artisans, ou telles gens qu'il pourrait payer, et à qui l'espérance du gain, qui est un moyen très-efficace, ferait faire exactement toutes les choses qu'il leur prescrirait. Car, pour les volontaires qui, par curiosité ou désir d'apprendre, s'offriraient peut-être de lui aider, outre qu'ils ont pour l'ordinaire plus de promesses que d'effet, et qu'ils ne font que de belles propositions dont aucune jamais ne réussit, ils voudraient infailliblement être payés par l'explication de quelques difficultés, ou du moins par des compliments et des entretiens inutiles, qui ne lui sauraient coûter si peu de son temps qu'il n'y perdît. Et pour les expériences que les autres ont déjà faites, quand bien même ils les lui voudraient communiquer, ce que ceux qui les nomment des secrets ne feraient jamais, elles sont pour la plupart composées de tant de circonstances ou d'ingrédients superflus, qu'il lui serait très-malaisé d'en déchiffrer la vérité; outre qu'il les trouverait presque toutes si mal expliquées, ou même si fausses, à cause que ceux qui les ont faites se sont efforcés de les faire paraître conformes à leurs principes, que, s'il y en avait quelques-unes qui lui servissent, elles ne pourraient derechef valoir le temps qu'il lui faudrait employer à les choisir. De façon que s'il y avait au monde quelqu'un qu'on sût assurément être capable de trouver les plus grandes choses et les plus utiles au public qui puissent être, et que pour cette cause les autres hommes s'efforçassent par tous moyens de l'aider à venir à bout de ses desseins, je ne vois pas qu'ils pussent autre chose pour lui, sinon fournir aux frais des expériences dont il aurait besoin, et du reste empêcher que son loisir ... lui fût ôté par l'importunité de personne. Mais outre que je ne présume pas tant de moi-même que de vouloir rien promettre d'extraordinaire, ni ne me repais point de pensées si vaines que de m'imaginer que le public se doive beaucoup intéresser en mes desseins, je n'ai pas aussi l'âme si basse que je voulusse accepter de qui que ce fût aucune faveur qu'on pût croire que je n'aurais pas méritée.

Toutes ces considérations jointes ensemble furent cause, il y a trois ans, que je ne voulus point divulguer le traité que j'avais entre les mains, et même que je pris résolution de n'en faire voir aucun autre pendant ma vie qui fût si général, ni duquel on pût entendre les fondements de ma physique. Mais il y a eu depuis derechef deux autres raisons qui m'ont obligé à mettre ici quelques essais particuliers, et à rendre au public quelque compte de mes actions et de mes desseins. La première est que si j'y manquais, plusieurs, qui ont su l'intention que j'avais eue ci-devant de faire imprimer quelques écrits, pourraient s'imaginer que les causes pour lesquelles je m'en abstiens seraient plus à mon désavantage qu'elles ne sont; car bien que je n'aime pas la gloire par excès, ou même, si j'ose le dire, que je la haïsse en tant que je la juge contraire au repos, lequel j'estime sur toutes choses, toutefois aussi je n'ai jamais tâché de cacher mes actions comme des crimes, ni n'ai usé de beaucoup de précautions pour être inconnu, tant à cause que j'eusse cru me faire tort qu'à cause que cela m'aurait donné quelque espèce d'inquiétude qui eût derechef été contraire au parfait repos d'esprit que je cherche; et pour ce que, m'étant toujours ainsi tenu indifférent entre le soin d'être connu ou de ne pas l'être, je n'ai pu empêcher que je n'acquisse quelque sorte de réputation, j'ai pensé que je devais faire mon mieux pour m'exempter au moins de l'avoir mauvaise.

L'autre raison qui m'a obligé à écrire ceci est que, voyant tous les jours de plus en plus le retardement que souffre le dessein que j'ai de m'instruire, à cause d'une infinité d'expériences dont j'ai besoin, et qu'il est impossible que je fasse sans l'aide d'autrui, bien que je ne me flatte pas tant que d'espérer que le public prenne grande part en mes intérêts, toutefois je ne veux pas aussi me défaillir tant à moi-même que de donner sujet à ceux qui me survivront de me reprocher quelque jour que j'eusse pu leur laisser plusieurs choses beaucoup meilleures que je n'aurai fait, si je n'eusse point trop négligé de leur faire entendre en quoi ils pouvaient contribuer à mes desseins.

Et j'ai pensé qu'il m'était aisé de choisir quelques matières qui, sans être sujettes à beaucoup de controverses, ni m'obliger à déclarer davantage de mes principes que je ne désire, ne lairraient pas de faire voir assez clairement ce que je puis ou ne puis pas dans les sciences. En quoi je ne saurais dire si j'ai réussi ; et je ne veux point prévenir les jugements de personne en parlant moi-même de mes écrits ; mais je serai bien aise qu'on les examine ; et, afin qu'on en ait d'autant plus d'occasions, je supplie tous ceux qui auront quelques objections à y faire, de prendre la peine de les envoyer à mon libraire, par lequel en étant averti, je tâcherai d'y joindre ma réponse en même temps ; et par ce moyen les lecteurs, voyant ensemble l'un et l'autre : jugeront d'autant plus aisément de la vérité, car je ne promets pas d'y faire jamais de longues réponses, mais seulement d'avouer mes fautes fort franchement, si je les connais ; ou bien, si je ne les puis apercevoir, de dire simplement ce que je croirai être requis pour la défense des choses que j'ai écrites, sans y ajouter l'explication d'aucune nouvelle matière, afin de ne pas engager sans fin de l'une en l'autre.

Que si quelques-unes de celles dont j'ai parlé au commencement de la *Dioptrique* et des *Météores* choquent d'abord, à cause que je les nomme des suppositions, et que je ne semble pas avoir envie de l' prouver, qu'on ait la patience de lire le tout avec attention, et j'espère qu'on s'en trouvera satisfait : car il me semble que les raisons s'y entre-suivent en telle sorte que, comme les dernières sont démontrées par les premières qui sont leurs causes, ces premières le sont réciproquement par les dernières qui sont leurs effets. Et on ne doit pas imaginer que je commette en ceci la faute que les logiciens nomment un cercle : car l'expérience rendant la plupart de ces effets très-certains, les causes dont je les déduis ne servent pas tant à les prouver qu'à les expliquer ; mais tout au contraire ce sont elles qui sont prouvées par eux. Et je ne les ai nommées des suppositions qu'afin qu'on sache que je pense les pouvoir déduire de ces premières vérités que j'ai ci-dessus expliquées ; mais que j'ai voulu expressément ne le pas faire, pour empêcher que certains esprits, qui s'imaginent qu'ils savent en un jour tout ce qu'un autre a pensé en vingt années, sitôt qu'il leur en a seulement dit deux ou trois mots, et qui sont d'autant plus sujets à faillir et moins capables de la vérité qu'ils sont plus pénétrants et plus vifs, ne puissent de là prendre occasion de bâtir quelque philosophie extravagante sur ce qu'ils croiront être mes principes, et qu'on m'en attribue la faute : car pour les opinions qui sont toutes miennes, je ne les excuse point comme nouvelles, d'autant que, si on en considère bien les raisons, je m'assure qu'on les trouvera si simples et si conformes au sens commun, qu'elles sembleront moins extraordinaires et moins étranges qu'aucunes autres qu'on puisse avoir sur mêmes sujets ; et je ne me vante point aussi d'être le premier inventeur d'aucunes, mais bien que je ne les ai jamais reçues ni pour ce qu'elles avaient été dites par d'autres, ni pour ce qu'elles ne l'avaient point été, mais seulement pour ce que la raison me les a persuadées.

Que si les artisans ne peuvent sitôt exécuter l'invention qui est expliquée en la *Dioptrique*, je ne crois pas qu'on puisse dire pour cela qu'elle soit mauvaise ; car, d'autant qu'il faut de l'adresse et l'habitude pour faire et pour ajuster les machines que j'ai décrites, sans qu'il y manque aucune circonstance, je ne m'étonnerais pas moins s'ils rencontraient du premier coup, que si quelqu'un pouvait apprendre en un jour à jouer du luth excellemment, par cela seul qu'on lui aurait donné de la tablature qui serait bonne. Et si j'écris en français, qui est la langue de mon pays, plutôt qu'en latin, qui est celle de mes précepteurs, c'est à cause que j'espère que ceux qui ne se servent que de leur raison naturelle toute pure jugeront mieux de mes opinions que ceux qui ne croient qu'aux livres anciens; et pour ceux qui joignent le bon sens avec l'étude, lesquels seuls je souhaite pour mes juges, ils ne seront point, je m'assure, si partiaux pour le latin, qu'ils refusent d'entendre mes raisons pour ce que je les explique en langue vulgaire.

Au reste, je ne veux point parler ici en particulier des progrès que j'ai espérance de faire à l'avenir dans les sciences, ni m'engager envers le public d'aucune promesse que je ne sois pas assuré d'accomplir; mais je dirai seulement que j'ai résolu de n'employer le temps qui me reste à vivre à autre chose qu'à tâcher d'acquérir quelque connaissance de la nature, qui soit telle qu'on en puisse tirer des règles pour la médecine, plus assurées que celles qu'on a eues jusques à présent; et que mon inclination m'éloignesi fort de toute sorte d'autres desseins, principalement de ceux qui ne sauraient être utiles aux uns qu'en nuisant aux autres, que si quelques occasions me contraignaient de m'y employer, je ne crois point que je fusse capable d'y réussir. De quoi je fais ici une déclaration que je sais bien ne pouvoir servir à me rendre considérable dans le monde, mais aussi n'ai aucunement envie de l'être, et je me tiendrai toujours plus obligé à ceux par la faveur desquels je jouirai sans empêchement de mon loisir, que je ne serais à ceux qui m'offriraient les plus honorables emplois de la terre.

Paris. — Imprimerie Nouvelle (asociation ouvrière), 11, rue Cadet. A. Mangeot, directeur. — 676-93.

Le Marchand de Veniso, 1 vol.; Joyeuses Commères, 1 v.; Le Songe d'une nuit d'été, 1 v.; La Tempête, 1 v.; Vie et Mort de Richard III, 1 vol.; Henri VIII, 1 v.; Beaucoup de bruit pour rien, 1 v.; Jules César...... 1
Sterne. Voyage sentimental 1
— Tristram Shandy 4
Suétone. Douze Césars.... 2
Swift. Voyages de Gulliver 2
Tacite. Mœurs des Germains................... 1
— Annales. Tibère...... 2
Tasse. Jérusalem délivrée. 2
Tassoni. Seau enlevé...... 2
Tite-Live. Hist. de Rome.. 2

Vauban. Dîme royale...... 1
Vauvenargues. Choix...... 1
Virgile. L'Enéide.......... 2
— Bucoliques et Géorgiques................... 1
Volney. Les Ruines. La Loi naturelle.......... 2
Voltaire. Charles XII. 2 v.; Siècle de Louis XIV, 4 v.; Histoire de Russie, 2 v.; Romans, 5 v.; Zaïre, Mérope, 1 v.; Mahomet, Mort de César, 1 v.; La Henriade, 1 v.; Contes en vers et Satires, 1 v.; Traité sur la Tolérance 2
Xénophon. Retraite des Dix Mille 1
— La Cyropédie.......... 2

La BIBLIOTHÈQUE NATIONALE, fondée en 1863, dans le but de faire pénétrer au sein des plus modestes foyers, les œuvres les plus remarquables de toutes les littératures, a publié, jusqu'à ce jour, les principales œuvres de

ALFIERI, ARIOSTE, BACHAUMONT, BEAUMARCHAIS, BECCARIA, BERNARDIN DE SAINT-PIERRE, BOILEAU, BOSSUET, BOUFFLERS, BRILLAT-SAVARIN, BYRON, CAZOTTE, CERVANTES, CÉSAR, CHAMFORT, CHAPELLE, CICÉRON, COLLIN D'HARLEVILLE, CONDORCET, CORNEILLE, CORNÉLIUS NÉPOS, COURIER (Paul-Louis), CYRANO DE BERGERAC, D'ALEMBERT, DANTE, DÉMOSTHÈNE, DESCARTES, DESMOULINS (Camille), DESTOUCHES, DIDEROT, DUCLOS, DUMARSAIS, DUPUIS, ÉPICTÈTE, ÉRASME, FÉNELON, FLORIAN, FOE (de), FONTENELLE, GILBERT, GOETHE, GOLDSMITH, GRESSET, HAMILTON, HELVÉTIUS, HOMÈRE, HORACE, JERDY-DUCOUR, JUVÉNAL, LA BOETIE, LA BRUYÈRE, LA FAYETTE (Mme de), LA FONTAINE, LAMENNAIS, LA ROCHEFOUCAULD, LESAGE, LINGUET LONGUS, LUCIEN, MABLY, MACHIAVEL, MAISTRE (Joseph de), MAISTRE (Xa ier de), MALHERBE, MARIVAUX, MARMONTEL, MASSILLON, MERCIER, MILTON, MIRABEAU, MOLIÈRE, MONTESQUIEU, OVIDE, PASCAL, PERRAULT, PIGAULT-LEBRUN, PIRON, PLUTARQUE, PRÉVOST, QUINTE-CURCE, RABELAIS, RACINE, REGNARD, ROLAND (Mme), ROUSSEAU (J.-J.), SAINT-RÉAL, SALLUSTE, SCARRON, SCHILLER, SEDAINE, SÉVIGNÉ (Mme de), SHAKESPEARE, STERNE, SUÉTONE, SWIFT, TACITE, TASSE, TASSONI, TITE-LIVE, VAUBAN, VAUVENARGUES, VIRGILE, VOLNEY, VOLTAIRE, XÉNOPHON.

Voir le Catalogue détaillé dans l'intérieur de la couverture.

Envoi franco du Catalogue

Le vol. broché, **25** c.; relié, **45** c. — F^{co}, **10** c. en sus par vol.

Adresser les demandes affranchies à M. L. BERTHIER, éditeur

Passage Montesquieu (rue Montesquieu)
Près le Palais-Royal, Paris

www.ingramcontent.com/pod-product-compliance
Lightning Source LLC
Chambersburg PA
CBHW051729090426

42738CB00010B/2164